КЛЕОПАТРА

Москва
2007

УДК 641/642
ББК 36.991
П68

Праздничные салаты / [Козлова Н. и др.]. — Москва: Клеопатра, 2007. — 320 с.

ISBN 5-8189-0717-1 (в пер.)

Агентство CIP РГБ

Вы думаете, что салаты — это всего лишь закуска? Что главными атрибутами праздничного стола являются «Оливье» и селедка «под шубой»? Вы глубоко ошибаетесь! Автор книги «Праздничные салаты» докажет вам, что гостеприимная хозяйка может предложить гостям столько вариантов простых и изысканных салатов, что им останется только облизывать пальчики и просить добавки!

Праздничные салаты на любой вкус:
- Классические салаты
- Экзотические салаты
- Фруктовые салаты
- Салаты за 5 минут
- Детские салаты
- Диетические салаты
- Салаты для романтического ужина
- Салаты со всего света

© Козлова Н., Баландина А., Васильева Е., Голутвина В., Кузовова И., составление, 2006
© ЗАО «Издательский дом Гелеос», 2006
© ЗАО «ЛГ Информэйшн Груп», 2006

Праздничные САЛАТЫ

ВСТУПЛЕНИЕ

Салаты — едва ли не самое популярное блюдо на нашем столе. Это и неудивительно. Они не только полезны, но и разнообразны. Они могут заменить и основное блюдо, и первое, и даже десерт. В салаты кладут сырые, вареные, копченые, консервированные продукты: мясо, рыбу и другие морепродукты, колбасу, сыр, овощи, фрукты, ягоды, грибы, орехи и всевозможные специи. Причем для любой диеты обязательно найдется свой неповторимый рецепт салата.

Салаты из сырых овощей или свежих фруктов, по мнению диетологов, следует есть перед любым приемом пищи — ведь зелень содержит достаточное количество сложных белков, необходимых для восполнения энергетического баланса человека. Благодаря знакомству со многими кухнями мира, ставшими популярными в нашей стране, мы теперь легко можем заменить родной зимний салат «Оливье» на множество оригинальных композиций, подобранных по цвету и аромату, с легкими, пикантными, праздничными и необычными соусами и заправками. Однако при приготовлении салатов старайтесь ориентироваться на свой собственный вкус, не воспринимайте рецепты как учебник с жестко выверенными формулами. Именно для этого состав продуктов указан в принципиальном соотношении, чтобы можно было смягчить или усилить остроту, количество соли и т.д. так, как хочется вам.

Подавать салаты к столу принято в больших салатницах или блюдах ярких красивых цветов, которые способствуют улучшению аппетита.

КЛАССИЧЕСКИЕ САЛАТЫ

САЛАТЫ МЯСНЫЕ

Салат «Необычный»

Продукты: 500 г цветной капусты, 4 помидора, 100 г вареного окорока, 2 головки репчатого лука.
Для соуса: 125 мл сметаны, 3 ст. л. майонеза, 2 ст. л. уксуса (3%), 1 ст. л. горчицы неострой, 40 мл яичного ликера, соль, перец, сахар по вкусу.

Приготовление: Отварить цветную капусту в подсоленной воде (10—15 минут), извлечь, подсушить и остудить. С помидоров снять кожицу, вынуть семена, порезать мелкими кубиками и добавить к цветной капусте. Мелкими кубиками порезать окорок и лук. Все компоненты добавить в цветную капусту и осторожно перемешать.

Для соуса: Сметану перемешать с майонезом, уксусом, горчицей и яичным ликером. Добавить соль, перец и сахар.

Заправить соусом, сразу же подавать на стол.

Салат «Пикник»

Продукты: 1 головка красного цикория, 1 пучок зеленого салата, 1–2 огурца, 1 пучок редиса, 2 помидора, 100 г вареного окорока. *Для соуса:* 100 мл апельсинового сока, 1 ст. л. лимонного сока, 4 ст. л. уксуса (3%), 4 ст. л. оливкового масла, 1 головка репчатого лука, $1/2$ пучка зеленого лука, 1 пучок петрушки, соль и перец по вкусу, зелень.

Приготовление: Почистить красный цикорий, салат вымыть, обсушить и нарвать на кусочки. Огурец и редис порезать кружочками.

Снять с помидоров кожуру, вынуть семечки и нарезать полосками.

Окорок нарезать мелкими кубиками, смешать в салатнице с остальными ингредиентами. Апельсиновый и лимонный соки смешать с уксусом и оливковым маслом. Репчатый лук и траву мелко порубить и добавить в заправку. Посолить, поперчить и заправить салат. Посыпать рубленой зеленью и подавать на стол.

Мексиканский салат

Продукты: 200 г поджаренного филе цыпленка, 1 красный сладкий перец, 1 корень сельдерея, 1 головка репчатого лука, 2–3 листа салата, 10–15 маслин, 3 ст. л. оливкового масла, уксус, соль и сахар по вкусу.

Приготовление: Филе цыпленка, перец, лук и салат нарезать соломкой и соединить с натертым корнем сельдерея. Заправить маслом с уксусом, солью и сахаром. Украсить маслинами, листьями салата и луком.

Салат «Прага»

Продукты: По 150 г жареной телятины, вареной свинины и соленых огурцов, по 100 г репчатого лука и яблок, черный молотый перец, майонез и лимонный сок по вкусу.

Приготовление: Продукты нарезать соломкой, сбрызнуть лимонным соком и заправить майонезом. Сверху можно посыпать перцем.

Салат «Ереван»

Продукты: По 200 г грибов, красного сладкого перца и корня сельдерея, 2–4 ломтика свиного сала, 1 зубчик чеснока, 1 ст. л. мелко рубленной зелени петрушки, 2 ст. л. растительного масла, 1 стакан красного сухого вина, соль по вкусу.

Приготовление: Грибы мелко нарезать и обжарить на сильном огне в масле. Добавить толченый чеснок, нарезанное маленькими кубиками сало и жарить еще 2—3 минуты. Влить вино, довести до кипения, прокипятить минуту, затем тушить на слабом огне еще 5—7 минут. Всыпать петрушку, перемешать, снять с огня, посолить и охладить. Корень сельдерея и перец нарезать мелкой соломкой, положить в салатник, посолить и перемешать, сверху уложить остывшие грибы. Подавать в холодном виде.

Салат «Весна»

Продукты: 200 г ветчины, 100 г жареной телятины, 2 отварных картофелины, 1 соленый огурец, 1 яблоко, 4 ст. л. зеленого горошка, майонез по вкусу, зелень для оформления.

Приготовление: Мясо, картофель, огурец и яблоко нарезать соломкой, соединить с зеленым горошком и заправить майонезом ($3/4$ от всего количества). Выложить горкой в салатник. Украсить ломтиками ветчины, яблока, огурца, полить оставшимся майонезом и посыпать мелко нарезанной зеленью.

Салат «Восторг»

Продукты: 4 сладких болгарских перца, 2 головки репчатого лука, 4 помидора, 250 г вареной говядины, 100 г эдамского сыра.

Для соуса: 125 мл мясного бульона, 4 ст. л. растительного масла, 2 зубчика чеснока, 3 ст. л. уксуса (3%), перец, соль по вкусу, 1 щепотка сахара, по 1 пучку зеленого лука и петрушки.

Приготовление: Почистить перец, разрезать пополам, извлечь семечки, вымыть, просушить и порезать полосками. Почистить репчатый лук, также порезать полосками. С помидоров снять кожуру, извлечь семечки и мелко порезать, также мелко порезать говядину и сыр. Все ингредиенты выложить в салатницу и осторожно перемешать.

Для соуса: Приправить мясной бульон чесноком, растертым с солью, растительным маслом, уксусом, солью, перцем и сахаром.

Полить соусом салат. Добавить мелко нарезанный зеленый лук и петрушку, поставить на полчаса в холодильник. Перед подачей на стол салат еще раз приправить по вкусу.

Салат «Простой»

Продукты: 4 листа листового салата, 1 огурец, 1 болгарский перец, 50 г тертого сыра или мелко нарезанной ветчины, армянский лаваш, много зелени, майонез.

Приготовление: Разрезать лаваш на несколько частей, сделать салат, положить на хлеб и завернуть конвертиком. Готовые конвертики положить на блюдо и посыпать сверху зеленью.

Салат «Генеральский»

Продукты: 300 г корня сельдерея, 200 г зелени петрушки и сельдерея, 200 г отварного картофеля, 200 г вареной свеклы, по 100 г мяса и грибов жареных измельченных, 200 г майонеза, 120 г масла растительного, 3 ст. л. уксуса (3%), $1/2$ ч. л. сухой горчицы.

Приготовление: Корень сельдерея и зелень мелко порубить, заправить маслом, взбитым с уксусом и горчицей, и оставить на 1 час. Затем добавить нарезанные тонкой соломкой грибы, рубленое мясо, заправить майонезом и осторожно перемешать. Украсить ломтиками картофеля и свеклы, зеленью и майонезом.

Салат слоеный

Продукты: 150 г отварной куриной мякоти, 2–3 вареных моркови, 3–4 соленых огурца, 4–5 отварных картофелин, 4 вареных яйца, 150 г зеленого горошка, 100 г зеленого лука, майонез.

Приготовление: Выложить измельченные продукты слоями в следующем порядке: куриная мякоть, морковь, огурцы, картофель, яйца, горошек, лук. Каждый слой и весь салат сдобрить майонезом.

Салат-коктейль

Продукты: 300 г филе жареной птицы (курицы, индейки), большие апельсин и яблоко, 100 г майонеза, 60 г густых сливок, 20 г белого десертного вина, 20 г зелени, вишня (черешня) без косточек.

Приготовление: Филе птицы, очищенные яблоки и апельсины нарезать соломкой, заправить майонезом, смешанным с вином, уложить в креманку или фужер. Оформить взбитыми сливками, зеленью, вишней или черешней.

Салат «Салют»

Продукты: По 200 г отварных говядины и куриной мякоти, 4–5 вареных яиц, 100 г зеленого горошка, 200 г майонеза, соль по вкусу.

Приготовление: Говядину и куриную мякоть нарезать ломтиками. Каждое яйцо разрезать на 4 части, уложить на дно салатника, сверху положить мясо с зеленым горошком, посолить и сдобрить майонезом.

Салат-коктейль «Суворов»

Продукты: По 140 г твердого сыра и ветчины, 100 г свежих огурцов, 40 г кочанного салата, 20 г свежего перца, 160 г майонеза.

Приготовление: Сыр, ветчину, огурцы и салат нарезать соломкой и заправить майонезом. Уложить в фужер на листья салата. Оформить огурцами, перцем и зеленым салатом. В салат можно добавить маслины.

Салат «Гамбург»

Продукты: 200 г вареного мяса, по 120 г соленых огурцов и свежих яблок, 80 г зеленого салата, 60 г репчатого лука, по 40 г масла растительного (лучше оливкового) и острого кетчупа, 10 г сахара, уксус, горчица, соль по вкусу, зелень петрушки или укропа.

Приготовление: Мясо, лук, огурцы и яблоки нарезать ломтиками, листья салата — соломкой. Соединить, заправить маслом, сахаром, уксусом, солью, горчицей. Для остроты можно добавить паприку, кетчуп. Выложить горкой на листья зеленого салата и оформить продуктами, входящими в состав салата.

Салат «Монпарнас»

Продукты: По 2–3 отварных картофелины и моркови, 200 г нежирного мяса или мякоти курицы, 1 головка репчатого лука, 1–2 соленых огурца, 1 яблоко, 100 г чернослива, 1–2 вареных яйца, 300 г майонеза или по 150 г майонеза и сметаны.

Приготовление: Уложить продукты слоями, каждый из которых смазать тонким слоем майонеза или сметаны с майонезом. Вниз положить мелко нарезанный картофель, затем натертую на крупной терке морковь, мелко нарезанные лук и огурцы, мясо или куриную мякоть, чернослив, натертое на крупной терке яблоко, тертые яичные белки. Украсить натертыми на мелкой терке желтками.

Салат «Бистро»

Продукты: 200 г цыпленка, 140 г корня сельдерея, 70 г вареных грибов, 1 соленый огурец, 100 г майонеза, горчица, соль по вкусу.

Приготовление: Отварить цыпленка, удалить кости, мякоть измельчить. Добавить нарезанные соломкой сельдерей, огурец, грибы. Посолить, перемешать и заправить майонезом с горчицей.

Салат «Антракт»

Продукты: 100 г филе цыпленка, 1 корень сельдерея, 50 г грибов, 10 г каперсов, 20 г твердого сыра, 2 свежих помидора, майонез, соль.

Приготовление: Филе отварного цыпленка, корень сельдерея, свежие отваренные грибы нарезать соломкой, смешать с каперсами и тертым сыром, заправить майонезом, посолить и перемешать. Салат украсить дольками свежих помидоров.

Салат «Итальянский»

Продукты: 300 г вареного мяса птицы, 200 г отварных макарон, 100 г вареного окорока, 100 г помидоров, 300 г майонеза, соль.

Приготовление: Мясо птицы, макароны, окорок нарезать кусочками, помидоры разрезать на четыре части, все смешать с майонезом, посолить.

Салат «Сытно»

Продукты: 250 г макарон, 2 ст. л. томатной пасты, 200 г ветчины, 50 г маслин, 150 г майонеза, соль, перец по вкусу.

Приготовление: Макароны разломать на недлинные куски, отварить в подсоленной воде, откинуть на дуршлаг и остудить. Смешать томатную пасту с майонезом, полить этим соусом макароны и перемешать. Выложить горкой на блюдо, посыпать пропущенной через мясорубку ветчиной и украсить маслинами.

Салат «Летний»

Продукты: 8 ломтиков ветчины, 2 свежих огурца, 2 яблока, 1–2 толстых стебля сельдерея, 50 г апельсинового сока, 3–4 листа салата, майонез.

Приготовление: Ломтики ветчины скатать в виде рулетиков. Огурцы, яблоки, сельдерей нарезать кубиками, перемешать, полить соком апельсина, выложить на блюдо, вокруг них разместить листья салата, четвертинки помидоров, рулетики ветчины и заправить майонезом.

Салат «Ералаш»

Продукты: 350 г яблок, 300 г вареного постного мяса, 100 г свежих огурцов, 50 г кильки, 200 г майонеза.

Приготовление: Яблоки очистить, нарезать кусочками, мясо и огурцы нарезать кубиками, кильки измельчить, все смешать с майонезом.

Салат «Вива»

Продукты: 200 г вареного мяса птицы, 2 небольших маринованных огурца, 1 маленькая свекла, 1 корешок сельдерея, по 1 стакану мелко нарубленных кубиков моркови и картофеля (вареных), 1 стакан майонеза, соль, перец.

Приготовление: Мясо, свеклу, сельдерей и маринованные огурцы нарубить мелкими кубиками и смешать с морковью и картофелем. Добавить майонез, соль и перец. Все перемешать.

Салат «Питательный»

Продукты: 100 г мяса, 2 картофелины, 1–2 моркови, 1 огурец, 1 вареное яйцо, 3 ст. л. зеленого горошка, майонез.

Приготовление: Продукты для салата шинковать ломтиками или кубиками. Картофель и морковь отварить в кожуре, очистить, нарезать, соединить с очищенными от кожицы и семечек солеными огурцами и вареным мясом, посолить, заправить майонезом и перемешать. Для улучшения вкуса можно добавить консервированный или отварной свежемороженый зеленый горошек. Перед подачей на стол салат уложить на тарелку горкой, сверху украсить дольками сваренного вкрутую яйца, ломтиками мяса, зеленью петрушки или лука.

Салат «Гнездо»

Продукты: 2–3 отварные картофелины, 1 большая головка репчатого лука, 200 г мяса, 100 г сыра, чеснок, 2 вареных яйца, уксус, майонез.

Приготовление: Картофель порезать соломкой и приготовить фри. Лук порезать полукольцами и замариновать в уксусе. Мясо отварить со специями, порезать соломкой. Из фри, мяса и лука сформовать «гнездо», заправив майонезом. Из тертого сыра, белка, чеснока и майонеза сформовать «яйца», обвалять их в желтке и уложить в «гнездо».

Секреты кулинара: Мясо в этом салате можно заменить кальмарами.

Салат «Дружок»

Продукты: 5–6 яиц, 200 г отварного мяса, 1 головка репчатого лука, соль, перец, уксус, майонез.

Приготовление: Яйца взбить и пожарить очень тонкими блинчиками. Лук порезать полукольцами и замариновать в уксусе. Блинчики и мясо порезать соломкой. Смешать ингредиенты, добавить по вкусу соль и перец, заправить майонезом.

Салатик с цветной капустой

Продукты: 6 вареных яиц, 500 г цветной капусты (можно замороженной), 1 головка репчатого лука, 300 г вареной колбасы или ветчины, 3 ст. л. консервированного зеленого горошка, 2 свежих огурца, майонез.

Приготовление: Яйца, колбасу и огурцы порезать кубиками. Цветную капусту бланшировать в подсоленной воде 10 минут, остудить, порезать не очень мелко. Лук нашинковать, обдать кипятком или замариновать в уксусе. Смешать все компоненты, заправить майонезом, можно поперчить.

Салат «Аппетитный»

Продукты: 250 г белого куриного мяса, 200 г сыра твердых сортов, банка консервированного горошка (250 г), 100 г любых маринованных грибов, 100 г сметаны, 50 г хрена консервированного, свежая зелень, соль, перец, специи по вкусу.

Приготовление: Белое мясо отварите в слегка подсоленной воде со специями. Охладите и нарежьте кубиками. Сыр натрите на крупной терке. Маринованные грибы выложите в дуршлаг, промойте под струей проточной воды, дайте ей стечь, затем мелко нарежьте грибы. Все аккуратно перемешайте, выложите в глубокую салатницу, перед подачей на стол заправьте сметаной с хреном. Готовый салат украсьте свежей зеленью: петрушкой, укропом, кинзой.

Салат из шампиньонов

Продукты: 200 г картофеля, 150 г шампиньонов, 100 г ветчины, 50 г консервированного зеленого горошка, 1 яйцо, 100 г майонеза, зелень.

Приготовление: Картофель отварить в мундире, очистить и нарезать мелкими кубиками. Шампиньоны вымыть, порезать на 4 части и поджарить (масло можно выбрать по вкусу). Выложить в салатницу картофель, шампиньоны, нарезанную кубиками ветчину и зеленый горошек и заправить майонезом или сметаной. Салат перемешать перед подачей на стол и украсить зеленью.

Салат «Венеция»

Продукты: 200 г отварной говядины, 300 г вареной свеклы, 4 соленых огурца, 100 г чернослива, ¹/₂ стакана грецких орехов, 100 г майонеза.

Приготовление: Говядину, свеклу, огурцы, ошпаренный чернослив нарезать соломкой, заправить майонезом и посыпать дроблеными орехами.

Салат «Кармен»

Продукты: 150 г мяса цыпленка, 200 г риса, 1 сладкий перец, 150 г консервированного зеленого горошка, 3 ст. л. уксуса (3%), 2 ст. л. оливкового масла, 1 ч. л. горчицы, 1 ч. л. сахара, соль по вкусу, зелень петрушки и эстрагон.

Приготовление: Испеките сладкий перец (при температуре духовки 180 градусов), очистите от кожицы и нарежьте соломкой. Отварите мясо цыпленка, и также нарежьте соломкой. Рис хорошо промойте и оставьте в холодной соленой воде на 2 часа, затем слейте воду и отварите в подсоленной воде. Мясо цыпленка, сладкий перец, рис, зеленый горошек перемешайте и заправьте соусом. Соус приготовьте в блендере из оливкового масла, горчицы, уксуса, сахара и соли. Украсьте салат зеленью петрушки и эстрагона.

Салат «Спутник»

Продукты: 25 г отварных мелких фрикаделек, 70 г отварного картофеля, 1 свежий огурец, 2 вареных яйца, 100 г майонеза, 1 ст. л. зеленого горошка, зелень.

Приготовление: Овощи нарезать кубиками, смешать с нарезанным яйцом и майонезом. Куриное мясо пропустить через мясорубку, сделать фрикадельки и отварить их. Готовые фрикадельки смешать с овощами. Салат выложить горкой, украсить яйцом, зеленым горошком и зеленью.

Салат «Черепашка»

Продукты: 200 г вареной курицы, 100 г твердого сыра, 2 вареных яйца, 1 зеленое яблоко, 5 ягод чернослива (промыть горячей водой), 4 грецких ореха (целые ядра, разделить на половинки), майонез.

Приготовление: Курицу нарезать кусочками, отдельно измельчить белки и желтки, натереть на терке сыр и яблоко, мелко порезать чернослив. Выложить слоями на блюдо: вареная курица, сыр, майонез, белки, яблоко, майонез, чернослив, желтки, майонез. Верхний слой украсить половинками грецких орехов — они должны лежать плотно, чтобы было похоже на панцирь.

Салат «Гранатовый бал»

Продукты: 1 свекла, 1 головка репчатого лука, 1 морковь, 2 картофелины, 1 гранат, 300 г курицы, майонез.

Приготовление: Отварить и натереть на крупной терке овощи, отварить и нарезать курицу, мелко порезать репчатый лук, почистить гранат, разделить на зерна. Аккуратно выложить слои, промазывая каждый майонезом: свекла, лук, морковь, курица, картошка. Украсить всю поверхность зернами граната.

Салат «Удача»

Продукты: 200 г копченой говядины (или свинины), 2 вареных яйца, по 1 киви и яблоку, 2 некрупных морковки, 1 большой зубчик чеснока, майонез.

Приготовление: Морковь и яйца отварить. Мясо потереть на терке, добавить выдавленный через пресс чеснок, заправить майонезом и тщательно перемешать. Полученную массу выложить в салатник. Киви натереть на терке и положить сверху на мясо. Отделяем белки от желтков и выкладываем слоями, промазывая майонезом: белки, морковь, яблоко (все тереть на крупной терке). Сверху салат украсить тертым желтком.

Салат «Объедение»

Продукты: 3–4 свиных сердца, 3 средних моркови, 3 головки репчатого лука, 3 соленых огурца, 6 яиц, майонез.

Приготовление: Сварить сердце, освободить от клапанов, нарезать соломкой, лук обжарить и немного потушить, морковь потереть на терке (крупной) обжарить и немного потушить. Морковь и лук жарить отдельно.

Сварить яйца. Все смешать, при подаче на стол нарезать соломкой соленый огурец, добавить в салат и заправить майонезом.

Салатик

Продукты: 1 отварной язык, 1 свежий помидор, 2–3 дольки чеснока, соль, перец, майонез.

Приготовление: Отварить язык в подсоленной воде, положив в кастрюлю дольку чеснока. Охладить и очистить, порезать тонкой соломкой. Помидоры очистить от семечек (удалить ложкой), порезать соломкой. Часть чеснока пропустить через пресс, часть мелко порезать. Все сложить в миску, заправить майонезом и оставить на 2 часа, чтобы салат лучше пропитался.

Салат «Радуга»

Продукты: По 1 банке консервированной белой и красной фасоли, 400 г ветчины, 150–200 г сыра, 3–5 свежих помидор среднего размера.

Приготовление: Фасоль хорошо промыть и обсушить, ветчину порезать кубиками или тонкой соломкой, сыр натереть на крупной терке, помидоры порезать кусочками. Заправить майонезом. Соль по вкусу.

Салат «Каприз»

Продукты: 200 г говядины (можно колбасу), 1 головка репчатого лука, по 2 свежих помидора и огурца, 1 ст. л. соевого соуса, 2–3 ст. л. растительного масла, зелень, соль, перец по вкусу.

Приготовление: Нарезать средними ломтиками помидоры и огурцы. Затем нарезать полукольцами лук. Нарезать говядину или колбасу соломкой и обжарить на раскаленном масле до золотистой корочки. Мясо переложить в помидоры и огурцы, добавить соль, черный перец, соевый соус, петрушку. Все перемешать и подавать на стол.

Салат «Элегант»

Продукты: 1 курица, 1 банка консервированных шампиньонов, 1 банка консервированных ананасов, лук, майонез.

Приготовление: Курицу сварить, охладить, разобрать и порезать кубиками.
Грибы обжарить с луком, остудить. Куриное мясо и грибы с луком смешать, заправить майонезом, посолить, поперчить. Сверху выложить ананасы.

Салат «Экстра»

Продукты: 1 банка консервированного ананаса, 300 г вареных куриных грудок, 3 небольших помидора,

3 вареных яйца, 1 ст. л. растительного масла, соль.

Приготовление: Сварить куриную грудку и мелко порезать. Порезать помидоры колечками, затем еще на две части, ананас порезать мелкими ломтиками, белки яиц протереть на терке. Все перемешать, посолить и заправить маслом, украсить мелко нарезанными желтками.

Салат «Слоистый»

Продукты: 200 г говядины, 1 банка маринованных шампиньонов, 1 средняя головка репчатого лука, 2 картофелины, 3 яйца, майонез, соль.

Приготовление: Продукты уложить слоями, промазывая майонезом: натертый отварной картофель, отварную мелко нарезанную говядину, мелко нарезанный лук, мелко нарезанные шампиньоны, отварные яйца. Солить по вкусу. Слои можно повторять.

Салат «Острый»

Продукты: 200 г острой корейской моркови, 4 вареных яйца, 200 г копченой колбасы, майонез, 10–15 оливок.

Приготовление: Нарезать тонкой соломкой яйца и колбасу. Все перемешать с морковью. Заправить майонезом. Уложить в салатник горкой, украсить оливками.

Салат «На ветру»

Продукты: 2 отварных картофелины, $1/2$ средней головки репчатого лука, 2 ст. л. сметаны, 100 г вареного мяса, $1/2$ стандартной упаковки плавленого сыра, 2 вареных яйца, 2 ст. л. майонеза, 2–3 зубчика чеснока, 1 банка консервированной морской капусты, 50 г колбасы.

Приготовление: Морскую капусту смешать с вареным мясом и репчатым луком. Вареные картофель, яйцо, сыр натереть на крупной терке. Добавить растертый с солью чеснок, заправить майонезом и сметаной. Выложить в салатник. Украсить звездочками из моркови, колбасой и яйцом.

Салат «Вдохновение»

Продукты: 200 г свежих грибов, 150 г отварной мякоти курицы, 150 г соленых огурцов, 100 г корня сельдерея, майонез, горчица, соль, зелень.

Приготовление: Грибы промыть, очистить и отварить в подсоленной воде со специями, нарезать небольшими кусочками. Курицу нарезать небольшими кубиками. Корень сельдерея и огурцы мелко нарезать. Все смешать, добавить соль, горчицу и заправить майонезом. Готовый салат украсить зеленью.

Салат «Всякая всячина»

Продукты: 500 г ветчины, 800 г помидоров, 350 г соленых огурцов, 250 г зеленого горошка, 200 г сметаны, 2 яблока, майонез, горчица, 2 вареных яйца, соль, перец, зелень.

Приготовление: Помидоры нарезать кружочками, посыпать солью, перцем и выложить на блюдо. Ветчину порезать кубиками. Яблоки очистить от сердцевины и кожицы и натереть на крупной терке.

Приготовленные продукты смешать, добавить зеленый горошек и выложить на помидоры. Сверху положить нарезанные кружочками огурцы. Готовый салат полить смесью из сметаны, майонеза и горчицы, украсить зеленью и рублеными яйцами.

Салат «Чудесный»

Продукты: 250 г ветчины или колбасы, 250 г белокочанной капусты, 100 г макарон, 2 моркови, 50 г корня сельдерея, майонез, соль, зелень.

Приготовление: Ветчину нарезать кубиками. Капусту нашинковать, перетереть с солью до выделения сока. Макароны отварить в подсоленной воде, откинуть на дуршлаг. Морковь, корень сельдерея отварить и нарезать кубиками. Все перемешать, добавить соль, заправить майонезом.

Готовый салат украсить зеленью.

Салат «Удовольствие»

Продукты: 200 г говяжьей печени, 50 г сушеных грибов, 100 г соленых огурцов, 2 небольшие картофелины, 1 средняя головка репчатого лука, 2 яйца, майонез, $1/2$ лимона, маслины, соль, перец.

Приготовление: Вареные яйца измельчить. Сушеные грибы замочить на несколько часов в холодной воде и в ней же отварить. Печень отварить в подсоленной воде со специями, нарезать небольшими кубиками и обжарить на сковороде. Лук нарезать колечками. Мелко порезать огурцы. Картофель отварить, очистить и нарезать кубиками. Все смешать и заправить майонезом. Готовый салат украсить маслинами и кружочками лимона.

Салат «Застолье»

Продукты: 1 кг говядины или телятины, 1 кг моркови, 3 головки репчатого лука, 3 зубчика чеснока, 250–300 г майонеза.

Приготовление: Мясо нарезать очень тонкой соломкой и обжарить на растительном масле до полной готовности.

Натертую на крупной терке морковь соединить с мелко нарезанным луком и обжарить до готовности. После охлаждения перемешать мясо с овощами и измельченным чесноком, заправить майонезом.

Салат «Дилижанс»

Продукты: 8 картофелин (около 1 кг), 2 яблока, 1 свекла, 1 головка репчатого лука, 2 маринованных огурца, 400 г нарезанного кусочками жареного мяса, растительное масло, уксус, соль, черный молотый перец, майонез по вкусу.

Для украшения: 1 яйцо, сваренное вкрутую, помидоры, маринованные огурцы.

Приготовление: Картофель отварить в кожуре, очистить, охладить, порезать кубиками. Очистить и порезать кубиками свеклу, поставить на 1 час на водяную баню. Яблоки очистить, нарезать кубиками, тонко порезать лук, огурцы. Добавить мясо, свеклу, картофель, заправить майонезом, растительным маслом, укропом, солью, перцем, тщательно перемешать. В салатник горкой положить приготовленную смесь, покрыть слоем майонеза и украсить кусочками яйца, помидоров и огурцов, нарезанных в виде веера. Немного охладить.

Салат «Царь»

Продукты: 2 маленькие картофелины, 1 маленькая головка репчатого лука, 200 г вареной мякоти курицы, 1 небольшая морковь, 8–10 грецких орехов, 12–14 ягод чернослива, майонез, 1 ч. л. лимонного сока.

Приготовление: Отварить картошку и морковь. Все (кроме моркови и картошки) мелко порезать и уложить слоями. Последовательность слоев (начинаем снизу): картофель, нарезанный кубиками, лук, курица, чернослив, морковь, натертая на крупной терке, грецкие орехи. Каждый слой сбрызнуть лимонным соком и промазать майонезом.

Салат «Весенний»

Продукты: 200 г отварного мяса, 200 г сыра, 400 г свежей капусты, по 200 г огурцов, помидоров и сладкого перца, по 150 г яблок и моркови, 250 г майонеза, 250 г сметаны, 100 г листьев зеленого салата, 4 яйца, сваренных вкрутую, зелень петрушки и укропа, горчица, черный молотый перец, сахар, соль.

Приготовление: Капусту нашинковать, добавить соль и сахар, перемешать и оставить на 30 минут, чтобы капуста пустила сок. Яблоки очистить от кожуры и сердцевины, натереть на крупной терке. Перец нарезать соломкой, яйца мелко порубить. Огурцы нарезать кружками. Морковь натереть на крупной терке. Листья салата промыть и уложить на блюдо. Сверху слоями выложить подготовленные продукты и полить соусом. Украсить нарезанными помидорами.

Для соуса: Смешать горчицу, майонез, сметану и мелко нарубленную зелень. Перец, сахар и соль в соус добавлять по вкусу.

Салат «Вместе»

Продукты: 200 г сельдерея, 200 г мяса цыпленка, 100 г маринованных грибов, 200 г макарон, 2 свежих помидора, 3 вареных яйца, $1/2$ пучка петрушки, майонез, перец.

Приготовление: Стебли сельдерея и вареное филе цыпленка нарезать соломкой, вареные макароны — кусочками, маринованные грибы — ломтиками, мелко нарубить свежие помидоры, зелень и яйца. Смешать, заправить черным перцем, майонезом и солью. Сверху украсить кружочками помидоров.

Салат «Пикантная смесь»

Продукты: 300 г мяса, по 100 г говяжьего языка, соленых огурцов и ветчины, 1 головка репчатого лука, 50 г маринованной кильки, горчица, соль, специи по вкусу, зелень для оформления.

Приготовление: Мясо сварить в подсоленной воде со специями, нарезать соломкой, кильку измельчить. Вареный язык очистить от кожи и мелко нарезать. Лук, огурцы, ветчину нарезать кубиками. Продукты соединить, добавить горчицу и все хорошо перемешать и оформить зеленью.

Салат «Вечеринка»

Продукты: 200 г буженины, 150 г сыра, 3 яйца, 100 г майонеза, зелень для оформления.

Приготовление: Нарезанную соломкой буженину перемешать с натертым на крупной терке сыром и мелко рублеными вареными яйцами, заправить майонезом. Оформить зеленью и ломтиками буженины.

Салат «Вкуснятина»

Продукты: 200 г вареной говядины, 100 г маринованного чернослива, 2 головки репчатого лука, $2/3$ стакана майонеза.

Приготовление: Говядину и чернослив нарезать мелкими кубиками, добавить нашинкованный лук и заправить майонезом.

Салат «Румба»

Продукты: 200 г мяса, 1 соленый огурец, 4 листа зеленого салата, 1 головка репчатого лука, 1 зеленое яблоко (сорт «Семеринко»), $1/2$ ч. л. сахара, 2 ст. л. растительного масла, перец, уксус, горчица, зелень.

Приготовление: Вареное мясо (говядину или курицу), зеленый салат, лук, соленый огурец, яблоко нашинковать, смешать, заправить растительным маслом, сахаром, перцем, уксусом, горчицей и солью. Дополнительно можно использовать паприку. Уложить в салатник, украсить теми же продуктами.

Салат «Деловой завтрак»

Продукты: 500 г мяса, 700 г цветной капусты, 100 г огурцов, 300 г помидоров, 300 г сметаны, 3 ст. л. уксуса (3%), зеленый лук, укроп, черный молотый перец, сахар, соль.

Приготовление: Мясо отварить и нарезать небольшими ломтиками. Капусту разделить на соцветия, 15 минут варить в подсоленной воде, вынуть и охладить. Огурцы и помидоры нарезать мелкими ломтиками. Все продукты перемешать и заправить смесью из сметаны, уксуса, сахара, перца и соли. Салат украсить рубленым луком и укропом.

Салат «С друзьями»

Продукты: 500 г свинины, 5 помидоров, 2 огурца, 2 сладких перца, 2 головки репчатого лука, $1/2$ лимона, 4 г листьев салата, несколько веточек зелени укропа и петрушки, 100 мл растительного масла, 1 ч. л. базилика, черный молотый перец, соль.

Приготовление: Сырую свинину нарезать небольшими кусочками, выложить в эмалированную посуду. Одну головку репчатого лука порубить, смешать со свининой, добавить мелко нарезанный базилик, посолить, поперчить, залить соком, выжатым из половины лимона. Массу тщательно перемешать, чтобы появился сок. Накрыть посуду крышкой, поставить на холод. Мариновать мясо в течение 3 часов. Готовое маринованное мясо слегка отжать и очистить от лука (маринад вместе с использованным луком вылить), обжарить с двух сторон на сильном огне. Помидоры, огурцы, болгарский перец и оставшуюся головку репчатого лука порезать полукольцами. Салат, петрушку и укроп порубить. Смешать все ингредиенты, залить растительным маслом, вновь перемешать и выложить в салатник.

Салат «Деревенский»

Продукты: 200 г свинины, 100 г хрена, 2 головки репчатого лука, 4 ст. л. майонеза, зелень петрушки и укропа, зеленый лук, 1 ч. л. лимонного сока, $1/2$ ч. л. сахара, соль.

Приготовление: Отварную свинину нарезать соломкой. Лук нарезать тонкими полукольцами, обжарить в растительном масле. Хрен натереть на мелкой терке. Смешать тертый хрен с сахаром, добавить лимонный сок. Зелень мелко порубить.

Смешать все ингредиенты и заправить салат майонезом. Выложить в креманку, украсить зеленью.

Салат «Карусель»

Продукты: 200 г печени (любой), 100 г грибов сушеных, 2–3 сырой моркови, 3 яйца, 1 головка репчатого лука, 50 г растительного масла, майонез по вкусу.

Приготовление: Грибы, печень, яйца сварить, остудить и измельчить. Лук нарезать полукольцами, соединить с натертой на крупной терке морковью и обжарить в масле. Все продукты смешать и заправить майонезом.

Салат «Будем друзьями»

Продукты: 300 г говядины, 400 г яблок, 100 г соленых огурцов, 80 г репчатого лука, 50 г хрена, уксус, соль по вкусу.

Приготовление: Говядину потушить. Мясо, очищенные яблоки, огурцы нарезать мелкими кубиками. Смешать с мелко нарубленным луком, добавить хрен, уксус, соль.

Салат «Восточная мелодия»

Продукты: 200 г отварной баранины, по 100 г чернослива и кураги, 1 головка репчатого лука, 50 г ядер грецких орехов, 150 г майонеза, 1 ч. л. сахара, соль.

Приготовление: Баранину отварить, остудить, нарезать кубиками. Чернослив и курагу промыть холодной водой, залить кипятком. Когда сухофрукты станут мягкими, откинуть на дуршлаг, дать стечь воде, нарезать тонкими полосками. Грецкие орехи порубить. Смешать все ингредиенты, добавить сахар, соль, заправить салат майонезом и выложить в салатник.

Салат по-французски

Продукты: 200 г отварной говядины, 3 яйца, сваренных вкрутую, 100 г твердого сыра, 4–5 листиков листового салата,
Для соуса: 100 г обезжиренного творога, 100 мл растительного масла, 1 ч. л. горчицы, 1 ст. л. сахара, несколько веточек зелени укропа и петрушки, молотый черный перец, соль.

Приготовление: Говядину отварить, остудить, нарезать мелкими кубиками, выложить на дно салатника. Поверх говядины выложить слой мелко нарубленных листьев салата. Вареные яйца порубить, выложить следующим слоем. Твердый сыр натереть на крупной терке и засыпать им мясо и яйца.

Для соуса: Зернистый творог протереть через сито (можно взбить в комбайне до получения однородной массы), добавить растительное масло, горчицу, сахар, перец, соль и все еще раз тщательно взбить. Соус должен получиться жидким, чтобы он пропитал все слои салата. Зелень петрушки и укропа мелко порубить и добавить в соус.

Готовым соусом заправить салат и дать хорошенько настояться.

САЛАТЫ С МОРЕПРОДУКТАМИ

Салат «Русалочка»

Продукты: 400 г крупной рыбы (треска, минтай), 1 вареное яйцо, 30 г растительного масла, 40 г уксуса (3%), сахар, соль, перец черный, несколько лавровых листиков по вкусу.

Приготовление: Рыбу сварить до готовности в подсоленной и приправленной лавровым листом воде, остудить, мякоть отделить от костей и нарезать небольшими кубиками. Яичный желток отделить от белка. Желток размять с уксусом и сахаром, белок мелко порубить. Все продукты соединить, заправить маслом, поперчить, посолить и аккуратно перемешать.

Салат «Сказка»

Продукты: 2 помидора, 100 г свежих шампиньонов, 100 г свежего шпината, 1 головка репчатого лука, 100 г кресс-салата, 100 г вареных креветок.

Для соуса: 125 мл белого вина, 2 ст. л. лимонного сока, 2 ст. л. растительного масла, 1 головка репчатого лука, соль, перец по вкусу, по 1 пучку зеленого лука и петрушки.

Приготовление: Снять с помидоров кожуру, вынуть семечки, порезать кубиками. Шампиньоны почистить и порезать ломтиками, репчатый лук порезать колечками. Шпинат, кресс-салат почистить, вымыть и порезать. Креветки с остальными ингредиентами выложить в салатницу и осторожно перемешать.

Для соуса: Смешать белое вино с лимонным соком, растительным маслом и луком, посолить, поперчить.

Полить соусом салат, выложить в салатные вазочки. Посыпать зеленым луком и рубленой петрушкой.

Салат «Лагуна»

Продукты: 500 г отварных креветок,
2 пучка салатных листьев.
Для соуса: 200 г томатного кетчупа,
100 г сметаны, 100 г майонеза,
2 зубчика чеснока.

Приготовление: Отварить креветки в панцире (так они вкуснее и сочнее), очистить. Крупно порезать листья салата и выложить на плоскую тарелку. Посыпать креветками. Полить соусом. Кетчупа добавлять столько, чтобы соус стал приятного розового цвета.

Фасоль с крабовыми палочками

Продукты: 1 банка консервированной фасоли (белой или красной), 1–2 болгарских перца (средних), 2 зубчика чеснока, 1 упаковка крабовых палочек (150–200 г), 100–150 г сыра, зелень, майонез.

Приготовление: Вынуть фасоль из банки (соус слить), натереть сыр на крупной терке, нарезать крабовые палочки, зелень и сладкий перец, Пропустить через пресс чеснок. Все соединить и заправить майонезом.

Салат «На волне»

Продукты: 300 г гребешка (в очищенном виде похож на кусочки куриного мяса), 2–3 свежих помидора, 2 вареных яйца, 1 головка репчатого лука, майонез и соль по вкусу.

Приготовление: Очищенный гребешок положить в кипящую соленую воду, варить около 5 минут, слить воду. Помидоры нарезать кубиками, яйца мелко порубить, все смешать, добавив майонез и пассерованный лук. Соль по вкусу.

Салат «Привет»

Продукты: 2 авокадо, 1 ст. л. лимонного сока, 100 г шампиньонов, 1 головка репчатого лука, 2 помидора, 2 мандарина, 100 г вареного окорока, 100 г креветок.

Для соуса: 1 ст. л. неострой горчицы, 1 ст. л. томатной пасты, 125 мл белого вина, 6 ст. л. жирной сметаны, 3 ст. л. уксуса (3%), соль, перец, сахар по вкусу, эстрагон и зеленый лук — $1/2$ пучка.

Приготовление: Снять с авокадо кожуру, разрезать пополам, извлечь косточку и порезать небольшими дольками. Сразу же сбрызнуть половиной лимонного сока.

Почистить шампиньоны, тонко порезать и тоже сбрызнуть лимонным соком. Мелко порубить лук, снять кожуру с помидоров, извлечь семечки и порезать кубиками. Почистить мандарины, нарезать окорок тонкими полосками. Осторожно смешать в миске креветки с остальными компонентами.

Для соуса: Перемешать горчицу с томатной пастой, белым вином, сметаной и уксусом. Приправить солью, перцем и сахаром.

Заправить салат соусом. Перед подачей на стол посыпать мелко нарезанным эстрагоном и луком.

Сложный салат

Продукты: 100 г вареных кальмаров, 100 г фарша антарктической креветки (или белковой пасты «Океан»), 200 г вареного риса, 4 соленых огурца, 6 вареных яиц, 1 стакан майонеза, по 1 пучку укропа и петрушки, соль по вкусу.

Приготовление: Вареные кальмары пропустить через мясорубку. Соленые огурцы и яйца нарезать маленькими кубиками. Все компоненты смешать, посолить, выложить горкой в салатник и полить майонезом. Салат украсить ломтиками яиц, огурцов, зеленью.

Салат «Пальчики оближешь»

Продукты: 500 г вареных кальмаров, 1 большая головка репчатого лука, 500 г картофеля фри, 5 вареных яиц, 100 г сыра, 2 зубчика чеснока, майонез по вкусу.

Приготовление: Кальмары порезать соломкой, лук — полукольцами (мариновать в столовом уксусе 20 минут), пожарить картофель фри, смешать, добавить майонез и сформировать круглое «гнездо». В середину уложить «яйца». Для их приготовления смешать сыр, белок, чеснок, заправить майонезом, слепить «яйца», обвалять в желтке и положить в «гнездо».

Помидоры с креветками

Продукты: 200 г крупных креветок (тигровых, королевских), 2 свежих помидора, 100 г сыра пармезан, 1–2 зубчика чеснока, майонез по вкусу.

Приготовление: Креветки отварить (если они неочищенные), очистить.
Помидоры нарезать кубиками. Сделать соус из майонеза и чеснока. Натереть на мелкой терке сыр. Выложить на плоскую тарелку слоями: креветки, соус, помидоры, соус, сыр. Слои можно повторять.

Салат «Север»

Продукты: 250 г отварной рыбы, 1 соленый огурец, 2 помидора, 1 маленькая головка репчатого лука, 1–2 яблока, 100 г майонеза, соль, перец молотый, горчица по вкусу.

Приготовление: Филе рыбы разделить на кусочки. Огурец, помидоры, лук и яблоки нарезать кубиками и соединить с рыбой. Приправить солью, перцем, горчицей. Заправить майонезом.

Креветки с авокадо

Продукты: 80 г сушеных креветок, 1 плод авокадо, 4 грецких ореха, 2 толстых стебля сельдерея.

Приготовление: Плод авокадо разрезать пополам, удалить косточку, использовать эти половинки в качестве «кремáнок» для салата. Смешать сушеные креветки, измельченные стебли сельдерея и обжаренные крупно рубленные грецкие орехи.

Для соуса: Смешать 4 столовые ложки лимонного майонеза, столовую ложку кетчупа и столовую ложку жирных сливок.

Перемешать соус с салатной массой, нафаршировать ею половинки авокадо, которые до подачи к столу нужно поставить в холодильник.

Салат «Принцесса»

Продукты: 1 гранат (большой и сладкий), 500 г креветок, 1 банка оливок, фаршированных лимоном, салат кочанный, майонез и соль по вкусу.

Приготовление: Креветки отварить в подсоленной воде, оливки нарезать колечками. На дно блюда выложить листья салата, на них — смесь из зерен граната, креветок и оливок, перемешанную с майонезом.

Салат «Веселый ералаш»

Продукты: 250 г больших очищенных креветок, 400 г шампиньонов, разрезанных пополам, 500 г спиральных макарон, 250 г помидоров (лучше черри), 1 ст. л. оливкового масла.

Для заправки: 3 ст. л. оливкового масла, 3 ст. л. лимонного сока, 2 ст. л. свежих листьев базилика.

Приготовление: Нагреть масло и обжарить креветки с двух сторон (2 минуты). Добавить грибы и готовить еще минуту. Остудить. Макароны отварить в подсоленной воде, выложить в большую миску, добавить нарезанные помидоры, приготовленные креветки и грибы. Ингредиенты для заправки, кроме базилика, взбить и влить в салат. Аккуратно перемешать салат и посыпать зеленью.

Салат «В нашу гавань заходили корабли»

Продукты: 1,5 стакана круглого риса, $3/4$ ч. л. соли, 2 ч. л. сахара, 3 ст. л. винного уксуса, тертая цедра лимона, 2 очищенных от кожицы огурца, 2 ст. л. семян кунжута, 1 ст. л. растительного масла, 1 ст. л. натертого сухого хрена, 1,5 ч. л. кунжутного масла, 250 г копченого филе лосося, порезанного на тонкие полоски, 4 головки зеленого лука.

Приготовление: Сварить рис, промыть, обсушить и выложить в большую стеклянную или эмалированную посуду. Добавить $1/4$ чайной ложки соли, сахар, уксус, цедру лимона и все перемешать. Очистить огурцы от кожицы и семян. Нарезать тонкими пластинами, отложить на 10 минут, предварительно посолив и разместив на сите.

На небольшой сковороде обжарить семена кунжута до коричневого цвета (2—3 минуты на среднем огне). Сразу же пересыпать семена в отдельную емкость. Растительное (например, подсолнечное) и кунжутное масло, хрен и половину копченого лосося смешать с рисом. Разделить рисовую смесь по числу порций или выложить на одно большое блюдо. Сверху положить оставшиеся кусочки лосося, отжать огурцы от влаги и уложить их сверху. Украсить семенами кунжута и зеленым луком.

Креветочный коктейль

Продукты: 450 г замороженных креветок, $1/4$ стакана кетчупа, $1/4$ стакана сока лайма, 1–2 ч. л. острого перечного соуса, $1/2$ стакана измельченных помидоров, $1/4$ стакана измельченного лука, $1/4$ стакана измельченной зелени кинзы, 2 плода авокадо, очищенных и нарезанных кусочками, ломтики лайма, листья салата.

Приготовление: Отварить креветки в большом количестве кипящей воды (1–2 минуты). Слить воду, промыть креветки под струей холодной воды.

В большой миске смешать кетчуп, сок лайма, острый соус. Добавить креветки, кусочки свежих помидоров, лук, зелень и все перемешать. Накрыть миску крышкой и поставить в холодильник на 2–4 часа.

Перед подачей на стол добавить в салат кусочки авокадо, перемешать. Выложить салат в большую миску или порционные креманки, украсив листьями салата и дольками лайма.

Салат «Диетический»

Продукты: 400 г филе кальмара, 2 картофелины, по 1 яйцу, моркови, яблоку, 2–3 ст. л. сметаны, зелень петрушки.

Приготовление: Филе кальмара отварить и нарезать соломкой. Сырые яблоко и морковь, вареный картофель нарезать ломтиками, яйцо порубить. Все соединить и заправить сметаной. Украсить зеленью.

Салат из лососины

Продукты: 125 г ломтиков лососины, 2 вареных яйца, 1 соленый огурец, 2 чашки отварного риса, майонез.

Приготовление: Нарезать лососину кусочками, яйца и огурец нарезать кубиками, смешать с отварным рисом и майонезом.

Салат «Экзотика»

Продукты: 500 г креветок, 2 зубчика чеснока, щепотка измельченных лимонных корочек, $1/4$ стакана лимонного сока, 2 ст. л. оливкового масла, 2 ст. л. мелко нарезанного зеленого лука, $1/4$ стакана измельченного свежего острого перца, 2 ст. л. измельченной зелени петрушки, $1/2$ ч. л. сахара, $1/4$ ч. л. черного молотого перца, листья салата, 1 плод папайи или манго средней величины.

Приготовление: Креветки сварить в 4 стаканах воды в течение 2 минут. Остудить под струей холодной воды и обсушить. Положить в пластиковый пакет мелко рубленный чеснок, лимонные корки, лимонный сок, оливковое масло, лук, острый перец, петрушку, сахар, соль, черный молотый перец и хорошо перемешать. Затем поместить туда креветки и встряхнуть пакет, чтобы креветки покрылись маринадом. Все это убрать в холодильник на

3 часа, время от времени вынимая и встряхивая. Перед подачей к столу высушить креветки, чтобы на них не осталось маринада. Выложить на дно блюда листья салата, а на них — креветки. По краю блюда поместить ломтики папайи или манго.

Салат «Морской»

Продукты: 300 г трески, 2 вареных яйца, 1 свежий огурец, 2–3 редиски, 3 ст. л. растительного масла, 2 ст. л. лимонного сока, зелень петрушки, лавровый лист, соль, черный перец горошком.

Приготовление: Отварить рыбу в подсоленной воде, добавив несколько горошин черного перца и лавровый лист. Отделить филе от костей и кожицы, нарезать ломтиками и выложить на середину блюда. Вокруг разложить кружочки огурца и редис. Полить смесью из растительного масла, лимонного сока, соли, посыпать мелко нарезанными яйцами и петрушкой.

Салат «Италия»

Продукты: 500 г помидоров, 250 г тушеных шампиньонов, 250 г тушеных белых грибов или лисичек, несколько небольших головок репчатого лука, 4 хорошо вымоченные сельди, 1 ст. л. молока, неполный стакан майонеза, 2 ст. л. творога, 2 ст. л. растительного масла.

Приготовление: Помидоры, грибы, сельдь и лук нарезать небольшими кубиками. Майонез смешать с творогом и молоком. Все перемешать.

Салат «Питер»

Продукты: 80 г филе трески, 1 картофелина, $1/2$ соленого огурца, 1 ч. л. тертого хрена, 1 ст. л. майонеза, $1/2$ ч. л. уксуса (3%), 1 пучок зеленого лука.

Приготовление: Филе трески отварить в соленой воде, нарезать тонкими кусочками и охладить. Отваренный в кожуре картофель очистить и накрошить в виде ломтиков. Соленые огурцы, рыбу, картофель перемешать с тертым хреном, добавить соус: майонез, соль, уксус. Перед подачей на стол уложить салат на тарелку горкой и посыпать мелко нарезанным зеленым луком.

Шпротный салат

Продукты: 1 банка шпрот, $^1/_2$ банки сладкой кукурузы, $^1/_2$ банки белой фасоли, 100 г сыра, 1 пакетик черных сухариков с чесноком, майонез, зелень.

Приготовление: Шпроты размять вилкой. Добавить фасоль и кукурузу, предварительно слив из банок жидкость. Сыр потереть на мелкой терке. Перемешать шпроты, сухарики, фасоль, кукурузу и сыр. Заправить майонезом. Посыпать мелко нарезанной зеленью.

Подавать сразу после приготовления, иначе сухарики размокнут.

> *Секреты кулинара: Кукурузу и фасоль можно заменить зеленым горошком.*

Сельдь «под шубой»

Продукты: 2 соленые сельди, 1 большая головка репчатого лука, по 1 яблоку, моркови, свекле, майонез.

Приготовление: Сельдь разделать на филе и порезать кубиками, свеклу и морковь отварить, лук мелко порезать (при желании ошпарить или замариновать в уксусе). Яблоко, отварную морковь и свеклу натереть на терке. Выложить в селедочницу слой сельди, затем лук, морковь, яблоко и свеклу. Каждый слой промазать майонезом.

> *Секреты кулинара: Для разнообразия можно заменить селедку нарезанным соленым (маринованным) огурцом.*

Салат «Волна»

Продукты: 1 банка морской капусты, 1 вареное яйцо, 1 головка репчатого лука, 1 яблоко, майонез.

Приготовление: Слить рассол из банки с морской капустой, выложить в салатник, добавить яйцо, мелко порезанный лук, нарезанное соломкой яблоко, заправить майонезом.

В салат можно добавить рыбные консервы: лосось или сайру размять, а шпроты нарезать.

Салат «Вкусный»

Продукты: 2 картофелины, по 1 моркови и свекле, 1 головка репчатого лука, 2 вареных яйца, 1 банка рыбных консервов (сайра, лосось и т.п.), 0,5 стакана риса, майонез, соль.

Приготовление: Овощи отварить. Картофель порезать кубиками, морковь и свеклу натереть на крупной терке. Лук мелко порезать. Яйца разделить на белки и желтки. Сварить рассыпчатый рис. В салатник укладывать слоями — размятую рыбу, лук, рис, майонез, морковь, майонез, картофель, белок, майонез, свеклу, майонез. Сверху натереть на мелкой терке желтки. В каждый слой добавить соль по вкусу. Дать постоять, чтобы слои пропитались. Картофель можно заменить тертым яблоком.

Салат «Студенческий»

Продукты: 250 г капусты белокочанной, 10 крабовых палочек, 1 банка кукурузы, майонез.

Приготовление: Капусту мелко нашинковать, посолить и размять руками, чтобы она дала сок. Крабовые палочки нарезать мелкими кусочками. Добавить кукурузу и майонез, перемешать.

Салат с кальмарами

Продукты: 3–4 замороженных кальмара, 1 банка консервированной кукурузы, 1 большое яблоко кисло-сладких сортов, 1 головка репчатого лука, 2 вареных яйца, майонез.

Приготовление: Кальмары разморозить, промыть, положить в кипяток на 5 минут, затем вытащить и подержать немного в холодной воде, промыть, снять шкуру и нарезать. Яйца, лук мелко порезать, яблоко очистить от кожицы и семян, порезать. С кукурузы слить жидкость. Все перемешать, заправить майонезом.

Такой салат можно приготовить, заменив кукурузу зеленым горошком.

Салат «Полонез»

Продукты: 200 г кальмаров, 2 пачки крабовых палочек, по маленькой баночке горошка и кукурузы, 200 г белокочанной капусты, 1 свежий огурец, майонез.

Приготовление: Отварить кальмары, затем нарезать соломкой, крабовые палочки мелко нарезать, нашинковать капусту и огурец, добавить горошек и кукурузу, майонез. Все перемешать и посолить.

Салат рыбный

Продукты: 200 г отварной рыбы (лучше морской), 3 ст. л. грибов (можно замороженных), 100 г сыра, 3 вареных яйца, 1 небольшая головка репчатого лука, майонез.

Приготовление: Рыбу отварить со специями, грибы отварить и обжарить на сковороде с репчатым луком, потереть сыр. Салат укладывать слоями, пересыпая тертыми яйцами.

Салат «Фантазия»

Продукты: 300 г белокочанной капусты, 200 г консервированной кукурузы, 250–300 г крабовых палочек, майонез, половинка лимона.

Приготовление: Капусту нашинковать тонкой соломкой, крабовые палочки разрезать вдоль по всей длине, а затем поперек соломкой, добавить кукурузу, выдавить сок из лимона, заправить майонезом.

Салат «Китайская стена»

Продукты: 1 кочан пекинской (китайской) капусты, 1 банка консервированного тунца в собственном соку (можно в масле), 1 свежий огурец, 1 головка репчатого лука, соль, майонез, сметана для заправки.

Приготовление: Мелко порезать луковицу, перемешать с кусочками тунца, нарезать крупно капусту, огурец разрезать на

4 части вдоль, а потом тонко поперек, выложить все в салатник, посолить, заправить равными частями майонеза и сметаны. Подавать с печеным картофелем.

Салат «Нежный»

Продукты: 1 банка резаных шампиньонов, 1 банка красной фасоли, 1 упаковка мяса крабов, майонез.

Приготовление: Мясо крабов нарезать и перемешать с шампиньонами и фасолью. Заправить салат майонезом. Солить и перчить по вкусу.

Салат «На даче»

Продукты: 50 г предварительно отваренной перловой крупы, 500 г креветок, 2 головки репчатого лука, 100 г тыквы, 30 г листьев шпината, 2 яйца, 1 огурец без кожицы, 2 помидора, 2 ст. л. кукурузного масла.

Для соуса: 100 г соевого соуса, 100 г кетчупа, 2 ст. л. уксуса (3%), 1 щепотка перца чили, 2 ст. л. сахара, 3 ст. л. желе из красной смородины, 1 мелко нашинкованная головка репчатого лука.

Приготовление: Обжарить лук в масле, смешать все ингредиенты соуса, проварить его и взбить миксером. Очистить и отварить креветки, по отдельности сварить перловку, тыкву, яйца. Мелко нарезать все овощи и обжарить их с перловкой на сковороде, добавить яйца, креветки и часть соуса.

Подавать горячим с соусом в отдельной чашке.

Салат «Морской минуэт»

Продукты: $1/2$ банки консервов в масле (сардины, скумбрия, ставрида) или консервов натуральных с добавлением масла (скумбрия, ставрида), 1 стакан отварного рассыпчатого риса, 1 головка репчатого лука, 1 морковь, майонез, 2–4 веточки зелени петрушки.

Приготовление: Консервы (кусочки рыбы) измельчить, репчатый лук и морковь очистить и нарезать тонкой соломкой. Подготовленные продукты соединить с отварным рассыпчатым рисом, заправить майонезом и маслом из консервов, перемешать и украсить зеленью.

Коктейль-салат «Рыбки»

Продукты: 1 банка консервированных кальмаров, 6 отварных яиц, 4 отварные картофелины, 150 г сыра, майонез.

Приготовление: Кальмары мелко порезать, разделить на две порции. Положить в салатницу первую порцию, сверху майонез. Потереть белки от 3 яиц, майонез, потереть 2 картофелины, майонез, потереть половину сыра, майонез. Потом опять все повторить.

Салат «Остренький»

Продукты: 100 г соленой сельди, 1 средний помидор, 1 небольшой сладкий перец, 60 г репчатого лука, 2 ст. л. растительного масла, несколько листьев зеленого салата, 2 ч. л. уксуса (3%), соль, перец, петрушка, укроп.

Приготовление: Рыбу очистить, удалить кости и мелко нарезать. Помидоры, сладкий перец, репчатый лук, зеленый салат измельчить. Добавить соль, перец, заправить смесью из растительного масла с уксусом, перемешать. Готовое блюдо украсить листьями зеленого салата, зеленью петрушки и укропа.

ОВОЩНЫЕ САЛАТЫ

Овощной салат-коктейль

Продукты: По 100 г отварного картофеля и свежих помидоров, 160 г свежих или малосольных огурцов, 60 г зеленого горошка, 40 г зеленого лука, 20 г зелени укропа или петрушки, 120 г салатной заправки или майонеза со сметаной.

Приготовление: Все овощи нарезать мелкими кубиками, оставив часть огурцов и помидоров для оформления, уложить в креманку, заправить майонезом и оформить продуктами, входящими в состав салата (по желанию можно добавить вареное яйцо). Для украшения использовать только яичный желток — протереть через сито (или терку).

Салат из баклажанов (острый)

Продукты: 250 г баклажанов, 200 г помидоров, 3 болгарских перца, 3 ст. л. растительного масла, перец молотый, соль и зелень по вкусу.

Приготовление: Баклажаны нарезать кружочками, посолить и дать постоять 15—20 минут до выделения сока, затем промыть под проточной водой и слегка отжать. Поджарить в масле до готовности, остудить. Чередуя слои, выложить в салатник последовательно: баклажаны, измельченную зелень, нарезанный сладкий перец, проваренные и протертые помидоры. Посолить, поперчить. Выдержать 3 часа в холодильнике.

Салат «Хороший»

Продукты: По 150 г вареного корня сельдерея и яблок, несколько листьев салата, 5 грецких орехов.
Для соуса: 60 г майонеза, 1 ст. л. лимонного сока, 150 г взбитых сливок или сметаны, соль по вкусу.

Приготовление: Сельдерей и неочищенные яблоки без сердцевины нарезать ломтиками. Заправить приготовленным соусом и поставить в холодильник на час. Подавать в салатнике, уложив на листья зеленого салата и украсив орехами.

Салат «О'кей»

Продукты: По 8 свежих помидоров и отварных картофелин, 4 небольшие головки репчатого лука, 7 вареных яиц, 100 г корня сельдерея, майонез или растительное масло, уксус, соль по вкусу.

Приготовление: Помидоры обдать кипятком, снять кожицу. Помидоры, лук, картофель, яйца нарезать тонкими кружочками, сельдерей — соломкой, все соединить, заправить майонезом или заправкой из уксуса и растительного масла.

Салат-торт

Продукты: 200 г помидоров, 150 г сладкого перца, 70 г репчатого лука, 3–4 зубчика чеснока, 200 г майонеза, зелень по вкусу.

Приготовление: Помидоры нарезать кружочками, лук и перец — кольцами. Зелень и чеснок мелко порубить. Выложить в салатник слой помидоров, посыпать зеленью с чесноком, сверху уложить колечки лука и перца, заправить майонезом. Чередовать слои несколько раз. Дать постоять торту 2 часа. Раскладывать лопаткой, не перемешивая слои.

Салат-торт «Картофельный»

Продукты: 100 г отварного картофеля, 1 большая головка репчатого лука, 4 вареных яйца, 3–4 вареной моркови, 1 вареная свекла, 150 г зеленого горошка, 200 г майонеза.

Приготовление: Вареные овощи натереть на крупной терке, лук нарезать кольцами и обдать кипятком, яйца мелко порубить. Выложить в салатник слоями толщиной 1,5 см: картофель, лук, яйца, морковь, зеленый горошек, свеклу. Каждый слой овощей и весь торт сдобрить майонезом.

Салат «А-ля Париж»

Продукты: По 200 г помидоров, сладкого перца, маринованных огурцов, 150 г репчатого лука, 100 г вареного рассыпчатого риса, уксус (3%), соль, перец черный, сахар по вкусу, листья зеленого салата для украшения.

Приготовление: Перец и лук нарезать соломкой, помидоры и огурцы — ломтиками. Овощи соединить с рисом, посолить, посыпать перцем, добавить сахар и уксус, выложить на листья салата.

Салат с фасолью

Продукты: 160 г вареной красной фасоли, 40 г репчатого лука, по 1 ст. л. растительного масла и уксуса (3%), специи, соль по вкусу, зелень для оформления.

Приготовление: Фасоль посыпать перцем, солью, украсить кольцами лука, веточками зелени и заправить растительным маслом с уксусом.

Салат «Итальянский мотив»

Продукты: 2 сладкие неочищенные головки лука, 500 г небольших баклажанов, 2 красных сладких перца,

3 помидора, 4 зубчика чеснока, ½ ч. л. семян тмина, 1 ст. л. лимонного сока, 4 ст. л. оливкового масла, 3 ст. л. белого винного уксуса, 2 ст. л. мелко нарубленной свежей петрушки.

Приготовление: Положить лук на противень и запекать 10 минут в духовке, нагретой до 180 °С. Положить туда же баклажаны и печь еще 10 минут, затем добавить сладкий перец и продолжать печь еще 10 минут, дальше выложить помидоры и 3 зубчика чеснока. Запекать еще 15 минут, пока все овощи не станут мягкими. По мере приготовления вынимать уже испеченные овощи из духовки. Когда овощи немного остынут, очистить.

Вынуть сердцевину и семена из перцев, нарезать на полоски. Разрезать помидоры, вынуть семена и порезать ломтиками. Нарезать баклажаны полосками, лук — кольцами, уложить на блюдо. Используя ступку и пестик, размять в кашицу печеный и свежий чеснок и семена тмина. Влить лимонный сок, масло и уксус, немного взбить. Добавить соль по вкусу. Полить соусом овощи и посыпать их петрушкой. Подавать в теплом или холодном виде.

Салат «Успех»

Продукты: 2 пучка салата-латука или другого салата, 2–3 ломтика пшеничного хлеба, 2 зубчика чеснока, сухая горчица и черный молотый перец на кончике ч. л., 1 ст. л. тертого сыра, 120 г растительного масла, сок 1 лимона, 2 яичных желтка, соль по вкусу.

Приготовление: Положить в салатник разрезанную пополам дольку чеснока, промытый, просушенный и нарезанный салат, тертый сыр, горчицу, соль, перец, полить растительным маслом, лимонным соком и перемешать. Перед подачей на стол добавить поджаренные в растительном масле на небольшом огне с дольками толченого чеснока кубики хлеба, полить слегка взбитыми яичными желтками. Медленно перемешать.

Салат закусочный

Продукты: 2 черные редьки, 2 свежих огурца, 20 г зеленого лука, 4–5 ст. л. сметаны, 1 ст. л. лимонного сока, соль, зелень укропа.

Приготовление: Редьку помыть, очистить от кожицы и натереть на крупной терке. Свежие огурцы очистить, нарезать соломкой, смешать с редькой и посолить. Салат заправить лимонным соком, уложить горкой в салатник, посыпать зеленым луком, полить сметаной и украсить зеленью укропа.

Салат «Грибная фантазия»

Продукты: 800 г вареных грибов (лисичек, шампиньонов или маслят), 200 г маринада, соль, молотый черный перец, зелень петрушки или укропа.

Приготовление: Нарезанные грибы смешать с маринадом, посолить, поперчить, приправить зеленью.

> *Секреты кулинара: Обычно для маринадов, которыми заправляют салаты, используют оливковое масло с лимонным соком и горчицей или горчицу с уксусом.*

Салат «К столу»

Продукты: 300 г гороха, 2 головки репчатого лука, 3–4 ст. л. растительного масла, 2 ст. л. уксуса, 1 ст. л. сахара, 1 вареное яйцо, 2 свежих помидора, зелень укропа и петрушки, соль.

Приготовление: Горох замочить, отварить, смешать с измельченным репчатым луком, растительным маслом, уксусом, сахаром, перцем и солью. Салат выложить в салатник, посыпать измельченной зеленью укропа и петрушки, украсить дольками вареного яйца и кружочками помидоров.

Салат «Для любимых»

Продукты: 2 корня сельдерея, 100 г грецких орехов, 50 г сыра «Рокфор», соль, перец, майонез, уксус, зелень петрушки.

Приготовление: Корень сельдерея отварить, очистить, нарезать кубиками, добавить измельченные ядра грецких орехов, тщательно растертый сыр, посолить, поперчить, заправить майонезом и уксусом, посыпать мелко нарезанной зеленью петрушки.

Салат «На закуску»

Продукты: 100 г картофеля, 5 г петрушки, 2 зубчика чеснока, $1/2$ ст. л.

винного уксуса, 1 ст. л. оливкового масла, соль и перец по вкусу.

Приготовление: Картофель хорошо промыть и отварить на пару до готовности. Затем очистить, нарезать ломтиками. Пока овощи теплые полить оливковым маслом и уксусом, добавить растолченный чеснок, мелко нашинкованную петрушку, соль и перец.

Салат «Пикантный»

Продукты: 500 г сладкого перца, 5 зубчиков чеснока, 1 стакан ядер грецких орехов, 150 г сметаны, 1 ч. л. лимонного сока, зелень петрушки, сахар, соль, молотый черный перец по вкусу.

Приготовление: Перец испечь, очистить от кожицы, нарезать соломкой, чеснок и орехи растолочь, смешать с сахаром, солью, черным молотым перцем, лимонным соком и сметаной, заправить салат полученной массой, посыпать зеленью петрушки.

Салат «В саду»

Продукты: 2 стакана нарезанного кубиками вареного картофеля, $1/2$ стакана нарезанного кубиками вареного сельдерея, $1/2$ стакана нарезанных кубиками огурцов, $1/4$ стакана ломтиков редиса, $1/4$ стакана мелко нарубленного сладкого перца, несколько листьев зеленого салата.

Соус для салата: $1/2$ ч. л. мелко нарубленного репчатого лука, $1/2$ ч. л. винного уксуса, красный перец на кончике ножа, $1/2$ ч. л. соли, $1/2$ стакана майонеза (можно разбавить йогуртом).

Приготовление: Смешать продукты для соуса и осторожно вылить на подготовленные для салата овощи. Все осторожно перемешать. Подать на блюде, украшенном листьями зеленого салата.

Овощной салат «Обольщение»

Продукты: 200 г зеленого сельдерея, 250 г твердого сыра, 2 вареных яйца, 1 средняя головка репчатого лука, 200 г маринада, молотый черный перец.

Приготовление: Зелень сельдерея промыть, измельчить, сыр нарезать кубиками, яйца разрезать на четыре части, лук нашинковать, все перемешать, поперчить, заправить маринадом.

Салат «Итальянский коктейль»

Продукты: 200 г помидоров, 200 г яблок, 200 г вареного сельдерея, 200 г отварной молодой кольраби, 200 г маринада, соль, молотый черный перец.

Приготовление: Помидоры, яблоки, сельдерей и кольраби нарезать кусочками, заправить маринадом, солью и перцем.

Салат «Пестрый»

Продукты: 100 г твердого сыра, 50 г шампиньонов, 2–3 сладких перца, 2 яблока, 1–2 апельсина или мандарина.

Для соуса: 200 г йогурта, 1 ч. л. горчицы, $1/2$ ст. л. меда, 1 ч. л. лимонного сока, цедра апельсина.

Приготовление: Сыр натереть на крупной терке, грибы, яблоки и перец порезать, очистить мандарины (апельсины), разрезать дольки пополам, цедру нарезать очень мелко. Все перемешать, заправить соусом.

Салат капустный

Продукты: Половина среднего вилка свежей белокочанной капусты, 1 ч. л. сахара, 2 ч. л. растительного масла, 1 ст. л. уксуса (3%), соль, несколько перьев зеленого лука.

Приготовление: Удалить загнившие листья и кочерыжку. После этого капусту промыть холодной водой, нарезать тонкой соломкой, перетереть с солью и, отжав сок, переложить в стеклянную или эмалированную посуду, залить слабым раствором уксуса. Через полтора-два часа к салату добавить сахар, растительное масло, все перемешать. Перед подачей на стол посыпать мелко нарезанным зеленым луком.

Салат «Лесной»

Продукты: 75 граммов грибов соленых, $1/2$ огурца соленого, 1 картофелина, $1/2$ свеклы, 1 пучок зеленого лука, 2 ст. л. растительного масла или сметаны.

Приготовление: По краям салатника выложить «букетики» из мелко нарезанного зеленого лука, ломтиков огурцов, вареной свеклы и картофеля, а в середину — промытые соленые грибы, заправить растительным маслом или сметаной.

Салат из баклажанов

Продукты: 200 г баклажанов, 1 ст. л. кунжутного масла, 1 ч. л. соевого соуса, 2 зубчика чеснока, неполная кофейная ложка столового уксуса, соль.

Приготовление: Баклажаны очистить, промыть, разрезать пополам вдоль, удалить семена и варить до готовности на пару. После этого охладить, нарезать соломкой, добавить соевый соус, кунжутное масло, уксус и соль. Продукты перемешать, уложить горкой в салатник или на тарелку, сверху посыпать мелко рубленным чесноком. Отдельно подать соевый соус (25 г) или полить соевым соусом, смешанным с кунжутным маслом и уксусом.

Салат «Быстрый»

Продукты: $1/2$ среднего кочана свежей белокочанной капусты, 1 банка кукурузы, 1 головка репчатого лука среднего размера, 1 упаковка сухариков, майонез.

Приготовление: Капусту мелко нашинковать, посолить и размять руками, чтобы она дала сок. Лук мелко нарезать, добавить кукурузу, сухарики и майонез, перемешать.

Салат «Особенный»

Продукты: 0,5 кг свеклы, 2–3 яблока среднего размера, 3 среднего размера маринованных или консервированных огурца, 2–3 ч. л. с горкой изюма, 7–10 штук чернослива, 2–3 ст. л. толченых грецких орехов. Соль, лимон, растительное масло по вкусу.

Приготовление: Очистить яблоки, удалить сердцевину. Свеклу, яблоки, огурцы натереть на крупной терке, все выложить в салатницу. Добавить изюм, мелко нарезанный чернослив, грецкие орехи. Посолить, если мало кислоты, заправить лимоном и ароматным растительным маслом (подсолнечным или кукурузным).

Салат «Райский»

Продукты: 150 г свежих шампиньонов, 1 вареное яйцо, 100 г винограда, 5 грецких орехов, изюм по вкусу, майонез.

Приготовление: Свежие грибы нарезать соломкой, яйцо натереть на крупной терке, а виноград разрезать пополам и вынуть косточки. Добавить грецкие орехи и изюм. Заправить майонезом.

Салат «Танец»

Продукты: 0,5 кг китайской капусты, 1 банка консервированной кукурузы, 1 пакетик сухариков с сыром, майонез, 3 ст. л. оливкового масла.

Приготовление: Нашинковать капусту, добавить консервированную кукурузу, сухарики. Немного посолить, заправить маслом и майонезом.

Салат «Африка»

Продукты: 1 средней величины кочан свежей капусты, 1 недозрелый плод манго, 2 ст. л. постного масла, 1 ст. л. лимонного сока, соль.

Приготовление: Тонко нашинковать капусту и перетереть с солью. Манго очистить от кожуры и провернуть в блендере с маслом. По желанию можно добавить лимонный или лаймовый сок. Залить капусту получившейся смесью.

Салат «Комильфо»

Продукты: 200 г голландского сыра, 2 больших яблока, 4 вареных яйца, 1 стакан очищенных грецких орехов, $1^1/_2$ банки майонеза.

Приготовление: Все продукты натереть на терке, разделить на две части. Блюдо смазать майонезом и уложить на него первый слой: два яйца, орехи, яблоко, залить майонезом и посыпать сыром. Второй слой: два яйца сдобрить майонезом, орехи, яблоко залить майонезом и сверху украсить сыром.

Салат «Прима»

Продукты: 1 банка консервированной кукурузы, 1 огурец, 2 помидора, 250 г зеленой стручковой фасоли, 1 головка репчатого лука, 2 маринованных огурца, 2 перца, зелень петрушки и зеленый лук по вкусу.
Для соуса: 1 ч. л. горчицы, 6 ст. л. растительного масла, 2 ст. л. яблочного уксуса, соль и сахар по вкусу.

Приготовление: Кукурузу и фасоль обсушить. Огурец и помидоры нарезать кубиками, все положить в салатник и пропитать соусом. Репчатый лук, огурцы, перец и петрушку мелко порезать, посыпать ими салат и снова полить соусом.

Салат «Дождик»

Продукты: 200 г свежих или маринованных грибов, 20 г репчатого лука, 2 вареных яйца, 50 г сметаны, зелень и соль по вкусу.

Приготовление: Грибы крупно нарезать, добавить к ним рубленые яйца и мелко порезанный репчатый лук, посолить по вкусу. Перед подачей на стол залить сметаной и украсить зеленью.

Салат «Звезды»

Продукты: 4–5 помидоров, 2 яблока, 1 малосольный огурец, 2 ст. л. майонеза, 4 листика салата.

Приготовление: Яблоки и огурцы очистить, нарезать мелкими кубиками, перемешать с майонезом. Срезать верхушки у помидоров, вынуть сердцевину с семенами и заполнить полость подготовленным салатом из яблок и огурцов. Подавать на тарелочках, выстланных листьями салата.

Салат «Сиреневый»

Продукты: $1/5$ кочана капусты краснокочанной, $1/2$ ч. л. сахара, 1 головка репчатого лука, 2 ст. л. майонеза, соль по вкусу.

Приготовление: Капусту мелко нашинковать, посыпать солью и перетереть до появления сока, добавить сахар, лук, майонез. Салат можно украсить зеленью, картофелем или морковью.

Салат «Закуска»

Продукты: 2 маринованных зеленых помидора, 2 маринованных огурца,

1 банка зеленого горошка, 1 головка репчатого лука, 3 зубчика чеснока, 0,5 л томатного сока.

Приготовление: Помидоры и огурцы порезать дольками, лук порезать полукольцами, добавить зеленый горошек, выдавить чеснок, все залить томатным соком.

Салат «Милый друг»

Продукты: 500 г моркови, 2 головки репчатого лука, 3 вареных яйца, 1 банка маринованных шампиньонов (нарезанных), майонез, 2 ст. л. подсолнечного или оливкового масла.

Приготовление: Натертую на терке морковь обжарить в масле. Отдельно на другой сковороде обжарить мелко нарезанный лук. Мелко нарезать яйца. Смешать морковь, лук, яйца и шампиньоны. Заправить майонезом. Можно добавить мелко нарезанное филе вареной курицы.

Салат «Маленький принц»

Продукты: 150 г твердого сыра, 3 вареных яйца, 2 небольших сладких яблока, 1 головка репчатого лука, 350 г свежей капусты, 1 банка майонеза, 2 зубчика чеснока, молотый черный перец на кончике ножа.

Приготовление: Капусту тонко нашинковать, посолить и помять руками, чтобы дала сок. Сыр, яйца, яблоко потереть на терке. Лук нарезать полукольцами и ошпарить кипятком. Уложить все ингредиенты слоями: капуста, лук, яйца, яблоко, сыр. Каждый слой промазать майонезом. Верх салата густо засыпать сыром и залить майонезом, смешанным с выдавленным через пресс чесноком и щепоткой черного молотого перца.

Салат «Зеленый»

Продукты: 1 пучок зеленого салата, 1 ст. л. растительного масла, 1 ст. л.

уксуса (3%), 1 горсть очищенных семечек, черный перец и соль по вкусу.

Приготовление: Нарезать салат, сбрызнуть уксусом и маслом, хорошо перемешать, добавить соль и перец, посыпать семечками (можно заменить рублеными орехами). Подавать как салат или гарнир к мясу, рыбе, морепродуктам.

Салат «Правильный»

Продукты: 150 г белокочанной капусты, 10 г изюма, 50 г моркови, по 30 г свеклы и яблок, 20 г майонеза, 1 пучок зеленого лука, 1 лимон, соль.

Приготовление: Капусту нашинковать, посолить и перетереть, сок отжать. Добавить замоченный изюм, нарезанные соломкой сырую морковь, вареную свеклу, свежие яблоки. Заправить майонезом. Украсить зеленым луком и лимоном.

Салат «Качок»

Продукты: 3 пучка шпината, $1/2$ стакана орехов, 1 пучок кинзы, 2–3 зубчика чеснока, 1 ст. л. лимонного сока.

Приготовление: Шпинат бланшировать, высушить. Добавить прокрученные через мясорубку орехи, чеснок, кинзу, соль по вкусу и лимонный сок.

Салат «Ассорти»

Продукты: 1 банка шампиньонов с собственном соку, 2 пачки сухариков с чесноком, 1 банка фасоли красной в собственном соку, 300 г свежих грибов, 1 большая головка репчатого лука, майонез.

Приготовление: Обжарить консервированные и свежие грибы и лук до золотистого цвета. Фасоль без соуса перемешать с грибами и луком, добавить сухарики и зелень, заправить майонезом.

Салат «Для гостей»

Продукты: 1 спелый ананас, 300 г сыра (по вкусу), майонез, зелень петрушки.

Приготовление: Ананас и сыр порезать одинаковыми кубиками, смешать с зеленью. Заправить майонезом или натуральным йогуртом, солить по вкусу.

Салат «Мечта»

Продукты: 500 г цветной капусты, 50 г сыра, 50 г репчатого лука, 40 г растительного масла, 40 г столового уксуса, соль.

Приготовление: Капусту разобрать на кочешки и сварить с уксусом и солью до готовности. Остудить, приправить сыром, мелко нарезанным репчатым луком и растительным маслом.

САЛАТЫ ЗА ПЯТЬ МИНУТ

Легкий зеленый салат

Продукты: 500 г листьев салата.
Для заправки: $^3/_4$ стакана растительного масла, 1 ст. л. винного уксуса (3%), 4–5 зубчиков чеснока, по $^3/_4$ ч. л. черного перца и соли.

Приготовление: Промытые крупные листья салата обсушить, разрезать на 2–3 части и слегка заморозить, чтобы они хрустели. Приготовить заправку: чеснок растолочь и взбить с маслом, уксусом, перцем и солью до получения однородной массы. Салат заправить и сразу подавать к столу.

Салат «Классический»

Продукты: 250 г творога, 4 зубчика чеснока, 5 ст. л. растительного масла, 2–3 ст. л. сметаны, соль и молотый красный перец по вкусу.

Приготовление: Чеснок истолочь с солью, вливая понемногу растительное масло. Затем добавить творог, немного перца, сметану и тщательно перемешать.

Салат «Элегантный»

Продукты: 200 г сыра «Рокфор», 400 г зеленого салата, 200 г сливок нежирных, 1 ст. л. лимонного сока, молотый черный перец.

Приготовление: Сыр раскрошить, смешать со сливками, лимонным соком и перцем, после чего растереть до однородной консистенции. Часть зеленого салата мелко нарезать и хорошо перемешать с подготовленной сырной массой. Дно тарелки или салатника красиво выстлать листьями зеленого салата и на них выложить приготовленный салат.

Салат «Шопский»

Продукты: 350 г свежих помидоров, по 100 г свежих огурцов и брынзы, 200 г перца сладкого, 80 г репчатого лука, по 2 ст. л. растительного масла и уксуса (3%), соль по вкусу, зелень укропа или петрушки.

Приготовление: Помидоры и огурцы нарезать кубиками, перец и лук — соломкой. Все перемешать и заправить маслом с солью и уксусом. Выложить горкой в салатник, посыпать тертой брынзой и украсить зеленью.

Салат «Ретро»

Продукты: 3 помидора, 2 вареных яйца, 1–2 ст. л. зелени петрушки, перец молотый, соль по вкусу.
Для соуса: 1 ст. л. сахара, 1 ст. л. уксуса (3%), 4 ст. л. растительного масла, соль по вкусу.

Приготовление: Помидоры и яйца нарезать кружочками, посолить, поперчить, заправить соусом и посыпать зеленью.

Салат «Грация»

Продукты: 2 корня сельдерея, 2 сладких зеленых перца, 2 сладких красных перца, 2–3 яблока, майонез, молотый черный перец, соль по вкусу.

Приготовление: Корень сельдерея и сладкий зеленый перец нарезать соломкой, сладкий красный перец — кольцами, яблоки кусочками. Подготовленные продукты смешать, заправить майонезом, солью и перцем.

Салат с сыром и яблоками

Продукты: 400 г твердого сыра, 200 г яблок, 200 г сельдерея, майонез.

Приготовление: Сыр и яблоки нарезать кубиками, сельдерей кусочками, все перемешать и заправить майонезом. Пряности не добавлять.

Салат из зеленой фасоли

Продукты: 300 г зеленой фасоли, 4–5 ст. л. растительного масла, 1 свежий помидор, 3 ст. л. уксуса (3%), молотый черный перец, соль.

Приготовление: Стручковую зеленую фасоль отварить, охладить, заправить растительным маслом, уксусом, перцем, солью и осторожно перемешать. Салат украсить кружочками свежих помидоров.

Салат «Дачный»

Продукты: 1 средний пучок зеленого лука, 1 ст. л. сметаны, 1 вареное яйцо, соль.

Приготовление: У зеленого лука удалить корни и погнившие части пера. После этого лук промыть в холодной воде, нарезать, посыпать солью, полить сметаной и украсить дольками сваренного вкрутую яйца и мелко нарубленным укропом.

Салат «Все просто»

Продукты: 4–5 свежих огурцов, соль, перец и сметана по вкусу.

Приготовление: Огурцы вымыть, очистить и, нарезав ломтиками, уложить горкой в салатник. Перед подачей на стол посыпать огурцы солью, черным молотым перцем и полить сметаной.

Салат «Огород»

Продукты: 500 г сладкого перца, 150 г помидоров, 1 вареное яйцо, 100 г майонеза, 2 ст. л. кефира, 100–150 г зеленого лука, соль, зелень петрушки.

Приготовление: Перец и зеленый лук нарезать тонкой соломкой, смешать с рубленым яйцом и ломтиками помидоров, посолить, заправить смесью майонеза и кефира, посыпать зеленью петрушки.

Салат «Утренняя свежесть»

Продукты: 2 огурца, 2 помидора, 1 ст. л. сметаны, несколько веточек укропа и зеленого лука.

Приготовление: Вымыть огурцы и помидоры, огурцы очистить, а у помидоров удалить плодоножку. Нарезанные тонкими ломтиками и уложенные горкой в салатницу овощи сверху посыпать солью, перцем, укропом и заправить сметаной.

Салат «На скорую руку»

Продукты: 2–3 огурца, 1 пучок зеленого лука, 1 ч. л. растительного масла.

Приготовление: Срезать верхушки, накрошить огурцы тонкими ломтиками, добавить зеленый лук, полить растительным маслом и перемешать.

Салат «На здоровье»

Продукты: 2 моркови, 1 яблоко, 4 грецких ореха, майонез.

Приготовление: Морковь натереть на терке, добавить мелко нарезанное яблоко и толченые орехи, заправить майонезом.

Салат картофельный

Продукты: 2 картофелины, 1 пучок зеленого лука, несколько веточек укропа, 3 ст. л. растительного масла, 2 ст. л. уксуса (3%), соль по вкусу.

Приготовление: Сваренный в кожуре картофель очистить, накрошить ломтиками, добавить соль, уксус, масло растительное и перемешать. Перед подачей на стол уложить на тарелку горкой, сверху посыпать мелко нарезанным зеленым луком и укропом.

Салат «Ароматный»

Продукты: 3 огурца, 2 болгарских перца (желтый и красный), большое яблоко кисло-сладких сортов, майонез.

Приготовление: Все ингредиенты порезать соломкой и заправить майонезом. При желании можно добавить помидоры.

Салат со сметаной и яйцом

Продукты: 2 пучка салата, 4 вареных яйца, 2 ст. л. сметаны, небольшой пучок укропа.

Приготовление: Зеленый салат очистить от корней, хорошо промыть в холодной воде, когда вода стечет, накрошить ножом. Яйцо сварить вкрутую, очистить и нарезать дольками. Перед подачей на стол уложить салат на тарелку горкой, предварительно заправив его сметаной. Украсить салат дольками яйца.

Салат «Заря»

Продукты: 500 г зеленой редьки, 2 ст. л. сахара, $1/2$ ч. л. молотого черного перца, соль.

Приготовление: Редьку очистить, нарезать тонкими полосками, посолить и слегка помять, дать постоять, затем слить выделившийся сок. Заправить солью, сахаром и перцем.

Салат «Рондо»

Продукты: 3–4 помидора, 2–3 сладких перца, 1 головка репчатого лука, 5–6 оливок (без косточек), соль и перец по вкусу.

Приготовление: Спелые помидоры и сладкий перец вымыть, удалить плодоножки, семена. Помидоры нарезать небольшими ломтиками, перец — соломкой, нашинковать лук, добавить оливки, слегка посолить, поперчить, добавить растительного масла (лучше оливкового).

Салат «Веселый»

Продукты: 3 огурца, 2 помидора, 2 вареных яйца, банка кукурузы, зелень, майонез.

Приготовление: Огурцы, помидоры, зелень, отварные яйца нарезать, добавить кукурузу и специи, заправить майонезом.

Салат «Конкурс красоты»

Продукты: 2 яйца, 200 г творога, по 100 г зеленого лука и моркови, 100 г майонеза, тмин и соль по вкусу.

Приготовление: Морковь очистить и натереть на терке, творог размять и соединить с морковью, добавить нашинкованный лук, соль, тмин, майонез и мелко рубленные яйца. Уложить в салатник и украсить яйцами и луком.

Салат «Стройняшка»

Продукты: 1 корень сельдерея, 150 г твердого сыра, 1 свежий огурец, 1 среднее яблоко, майонез, зелень.

Приготовление: $1/3$ корня сельдерея, свежий огурец, сыр и яблоко потереть на крупной терке, заправить майонезом и украсить зеленью.

Салат «Лето»

Продукты: 2 свежих огурца, 1 пучок укропа, 100 г нежирного творога, 100 г нежирной сметаны, соль.

Приготовление: Творог выложить на тарелку, затем сметану, нарезанный укроп и огурец, немного посолить и аккуратно перемешать. Можно добавить редис и помидор.

Салат «Солнце»

Продукты: 300 г моркови, 100 г яблок, 100 г грецких орехов, 100 г меда.

Приготовление: Свежую очищенную морковь натереть на крупной терке. Яблоки очистить от кожуры и семян, нарезать тонкими ломтиками. Ядра грецких орехов мелко нарубить. Все смешать и залить жидким медом. Вместо меда можно использовать майонез.

Салат «Таежный»

Продукты: 2 пучка листьев зеленого салата, 2–3 ст. л. оливкового масла, соль, 1 ст. л. кедровых орешков.

Приготовление: Салат промыть, порвать крупными кусками. В салатницу положить слой листьев, немного присолить, сбрызнуть маслом, посыпать орешками. Затем снова слой салатных листьев, масло, орешки.

Салат «Под грибком»

Продукты: 1 кг помидоров, 500 г творога, 200 г сливочного масла, 5–6 зубчиков чеснока, зелень петрушки и укропа.

Приготовление: Творог тщательно растереть с маслом до получения однородной массы, смешать с толченым чесноком и посолить. Мокрыми руками разделать массу в виде конусов со срезанными верхушками («ножки»). Плоскую тарелку или блюдо посыпьте мелко нарезанной зеленью петрушки и укропа, поставьте на эту «лужайку» «ножки» грибов, а на них срезанные верхушки помидоров. До подачи на стол держите салат в холодильнике.

Салат «Здоровье»

Продукты: 200 г моркови, 60 г меда, 2 ст. л. сметаны, лимонная кислота на кончике ножа, зелень петрушки.

Приготовление: Морковь очистить, вымыть, натереть на мелкой терке, перемешать с промытой и мелко нарубленной зеленью петрушки. Заправить жидким медом, лимонной кислотой и сметаной.

Салат «Буратино»

Продукты: 1 небольшой кочан китайской капусты, 1 банку консервированной кукурузы, 1 пакетик сухариков с сыром, майонез, 3 ст. л. оливкового масла.

Приготовление: Нашинковать капусту, добавить консервированную кукурузу, предварительно слив сок, сухарики. Немного посолить, заправить маслом и майонезом.

Салат «Деликатесный»

Продукты: 400 г сыра, 150 г зелени сельдерея, 100 г майонеза.

Приготовление: Вымытую и обсушенную зелень сельдерея нарезать, смешать с сыром, нарезанным кубиками, заправить майонезом.

ДИЕТИЧЕСКИЕ САЛАТЫ

Необычный салат

Продукты: 300 г консервированных ананасов, 2 апельсина, 3 помидора, сок 1 лимона, 3 ст. л. сливок, 1 ч. л. сахара, соль по вкусу, листья зеленого салата для оформления.

Приготовление: Апельсины очистить от кожуры, разделить на дольки, удалить косточки, затем дольки разрезать пополам. Помидоры нарезать небольшими ломтиками. Кусочки ананаса, ломтики помидоров и половинки долек апельсина соединить, добавить сахар, соль, лимонный сок, оставив небольшое количество продуктов для приготовления из них соуса. Салат поставить в холодильник, перед подачей на стол выложить на листья зеленого салата и заправить соусом.

Салат «Дамский каприз»

Продукты: 200 г отварного картофеля, 2 головки репчатого лука, 4 вареных яйца, 3 свежих огурца, 4 яблока, 1 стакан вишен, 250 г сметаны.

Приготовление: В салатник выложить слоями измельченные картофель, лук, яйца, очищенные и нарезанные огурцы и яблоки. Сверху насыпать невысокими холмиками вишни без косточек, сделать ножом в салате узкие отверстия, залить в них сметану и поставить на холод на 2—3 часа. Подавать кусочками, как торт.

Салат «Веселая карусель»

Продукты: По 300 г ананасов и яблок, по 200 г отварного картофеля и сметаны.

Приготовление: Ананасы, яблоки, картофель нарезать кубиками. Все смешать и заправить сметаной.

Салат «Рига»

Продукты: 400 г свежих помидоров, 1 стакан вареного рассыпчатого риса, по 200 г яблок и свежих огурцов, 80 г зелени петрушки и укропа, 300 г сметаны, соль по вкусу, листья салата для оформления.

Приготовление: Рис перемешать с мелко нашинкованной зеленью. Очищенные от кожицы и семян помидоры и яблоки нарезать ломтиками, огурцы — соломкой. Рис выложить горкой на листья салата, вокруг букетами разместить помидоры, огурцы, яблоки. Перед подачей на стол заправить сметаной.

Смешанный салат

Продукты: 500 г помидоров, по 2 соленых и свежих огурца, 1 большая головка репчатого лука, 2 вареных яйца, 2 ст. л. измельченной зелени укропа, 2–3 ст. л. растительного масла, соль, сахар по вкусу.

Приготовление: Продукты нарезать тонкими ломтиками и уложить последовательно слоями: помидоры, свежие огурцы, яйца, соленые огурцы, лук. Каждый слой слегка посолить и посыпать сахаром. Салат заправить маслом и украсить зеленью.

Салат «Южный ветер»

Продукты: 250 г сладкого перца, 300 г помидоров, 2 головки репчатого лука, 3 ст. л. растительного масла, 2 зубчика чеснока, 1 ч. л. лимонного сока, зелень петрушки, соль по вкусу.

Приготовление: Перец запечь в духовке до получения красивого коричневого цвета, очистить от кожицы, нарезать соломкой, смешать с ломтиками помидоров, нарезанным кольцами луком, толченым чесноком, посолить, заправить лимонным соком и растительным маслом, посыпать зеленью петрушки.

Салат «Совершенство»

Продукты: По 2 яблока и моркови, по 1 помидору и огурцу, 2 ст. л. мелко нарубленного сельдерея, 5–6 листьев салата, 1 стакан сметаны, 2 ст. л. айвового сока, 8 ягод вишни без косточек, сахар по вкусу.

Приготовление: В глубокую тарелку выложить листья салата, на них по краям тарелки отдельными горками разложить нарезанные ломтиками фрукты и овощи: яблоки, огурцы, помидоры. Сверху посыпать мелко рубленным сельдереем. В середину выложить горку натертой моркови, украсить ее вишней. Сверху залить сметаной, посыпать сахарным песком, полить айвовым соком.

Салат «Фруктовая радость»

Продукты: По 4 яблока, апельсина, банана, 8 штук средней моркови, по 3 ст. л. изюма и измельченных грецких орехов, сахар по вкусу.

Приготовление: Яблоки, апельсины и бананы очистить и нарезать кубиками, перемешать с натертой на мелкой терке морковью, изюмом и орехами, добавить сахар. Если салат недостаточно сочен, добавить апельсиновый сок.

Салат «Любимый»

Продукты: По 1 апельсину, банану, яблоку, груше, 4 мандарина, по 100 г ананаса и винограда, $3/4$ стакана сметаны, $1/2$ ч. л. сахара, лимонная кислота по вкусу.

Приготовление: Очищенные фрукты нарезать, смешать с виноградом и заправить сметаной с сахаром и лимонной кислотой.

Салат «Недотрога»

Продукты: 300 г ананаса (можно консервированного), 300 г сыра, 150 г ядер грецких орехов, по 100 г творога и сметаны, соль.

Приготовление: Ананас очистить и нарезать мелкими кубиками, сыр натереть на крупной терке. Ядра орехов истолочь. Выложить в салатник или в отдельные фужеры слой ананасов, затем сыр. Сверху залить творогом, растертым со сметаной, посыпать орехами. Соль добавлять по вкусу.

Салат «Осенний»

Продукты: 3 яблока, 200 г слив, 100 г орехов, 2 ст. л. сметаны, 1 ст. л. меда, корица, лимонная кислота по вкусу.

Приготовление: Из промытых слив вынуть косточки, яблоки натереть на крупной терке. Заправить сметаной, смешанной с медом, корицей, толчеными орехами и лимонной кислотой.

Салат «На бис»

Продукты: 2 яблока, 4 моркови, 100 г сухофруктов, 1 апельсин, 2 ст. л. жидкого меда, лимонный сок, сметана или растительное масло по вкусу.

Приготовление: Морковь и яблоки натереть на крупной терке, добавить вымоченные в холодной воде и мелко нарезанные сухофрукты и нарезанный ломтиками апельсин. Заправить лимонным соком, медом, сметаной или растительным маслом.

Салат «Гурмания»

Продукты: 2 яблока, 3 моркови, 2 ст. л. меда или сахара, 1 ст. л. лимонного сока, по 1,5 ст. л. измельченных орехов и изюма.

Приготовление: Сырую морковь натереть на крупной терке, добавить лимонный сок, мед, орехи и изюм, перемешать, накрыть крышкой и дать постоять 15 минут. Очищенные яблоки нарезать тонкими дольками, сбрызнуть лимонным соком и соединить с подготовленной морковью.

Салат «Сластена»

Продукты: 300 г мякоти дыни, 2 несладких яблока, 100 г клюквы, 100 г сметаны, 2–3 веточки петрушки или укропа, сахар и соль по вкусу.

Приготовление: Мякоть дыни измельчить, яблоки натереть на крупной терке. В измельченную дыню с яблоками, клюквой добавить сахар и соль, смешать со сметаной и посыпать нарезанной зеленью петрушки или укропа.

Салат «Классика»

Продукты: 200 г чернослива, по 100 г орехов и изюма, 150 г густой сметаны, консервированные фрукты для оформления.

Приготовление: Размоченный в воде чернослив без косточек перемешать с измельченными орехами, изюмом и взбитой сметаной. Разложить салат по креманкам, украсить фруктами и охладить.

Салат «Дачный»

Продукты: По 100 г черники, ежевики, малины, сахар по вкусу.

Приготовление: Все ягоды вымыть, просушить, перемешать, посыпать сахаром и поставить в холодильник на 1—2 часа, чтобы пустили сок. Такая ягодная смесь отличное дополнение к любому горячему блюду.

Салат «Три мушкетера»

Продукты: 200 г мякоти дыни, 1–2 груши, лимонный сок и сахар по вкусу, 1 банан.

Приготовление: Мякоть дыни нарезать ломтиками. Груши очистить от кожицы и тоже нарезать ломтиками. Очищенный банан нарезать кружочками. Продукты соединить, осторожно перемешать и полить лимонным соком, смешанным с сахаром.

Салат «Сырный»

Продукты: 100 г низкокалорийного тертого сыра, 1 корень сельдерея, 1 свежий огурец, 2 яблока, 2 ст. л. рубленой пряной зелени, 3 ст. л. легкого майонеза, соль по вкусу.

Приготовление: Корень сельдерея, огурец и яблоко вымыть, очистить и натереть на терке, добавить сыр. Все перемешать, добавить зелень, посолить и заправить майонезом.

Салат «Прованский»

Продукты: 1 болгарский перец, 2 помидора, 1 луковица, $^2/_3$ стакана отварного риса, 1 пучок зеленого салата, 3 ст. л. нежирной сметаны, соль, уксус или лимонный сок по вкусу.

Приготовление: Лук очистить и тонко нашинковать, перец, салат и помидоры мелко нарезать, добавить соль, уксус или лимонный сок, сметану, рис, перемешать и выложить в салатницу.

Салат «Морковный»

Продукты: 1 крупная морковь, 2–3 ст. л. изюма, 6–7 ядер грецких орехов, 2 ст. л. натурального йогурта, 1 ч. л. легкого майонеза, соль по вкусу.

Приготовление: Морковь очистить, натереть на мелкой терке, орехи измельчить. Изюм вымыть и обсушить на салфетке. Перемешать, посолить, заправить смесью йогурта и майонеза.

Салат «Сельдереевый»

Продукты: 2 средних зеленых яблока, 1 стебель сельдерея, 4 ядра грецких орехов, 2 ст. л. натурального йогурта, 1 ч. л. легкого майонеза.

Приготовление: Сельдерей и яблоко нарезать соломкой, орехи измельчить. Перемешать, заправить салат смесью йогурта и майонеза.

Салат «Тыквенный»

Продукты: 100 г тыквы, 1 репа, 2 яблока, 1 ст. л. меда.

Приготовление: Сырую тыкву натереть на крупной терке, смешать с медом и оставить на 40 минут. Очищенные от семян яблоки и репу также натереть и перемешать с тыквой.

Салат «Витаминный»

Продукты: $1/4$ среднего вилка белокочанной или краснокочанной капусты, 2 яблока, 1 средняя морковь, 1 луковица, 1 болгарский перец, 1 баночка натурального йогурта (125 г), 1 ст. л. нежирной сметаны, соль, сахар по вкусу.

Приготовление: Капусту тонко нашинковать и перетереть с солью. Лук измельчить, яблоки и морковь очистить, натереть на терке. Перец разрезать пополам, удалить семена и нарезать соломкой. Все перемешать, заправить смесью сметаны и йогурта, посолить и посахарить.

Салат «Осень»

Продукты: 3 яблока, 150 г постного отварного мяса, 2 небольших свежих огурца, 2 ст. л. легкого майонеза, соль по вкусу.

Приготовление: Яблоки очистить, нарезать соломкой, так же нарезать огурцы, мясо — кубиками. Все перемешать, заправить майонезом и посолить.

ФРУКТОВЫЕ САЛАТЫ

Салат-коктейль с киселем

Продукты: 400 г киселя из фруктов или ягод, 200 г сливочного мороженого, по 10 г ягод и фруктов (клубника, малина, вишня, черешня, сливы, абрикосы) без косточек.

Приготовление: В фужеры налить холодный кисель средней густоты и положить шарик мороженого. Украсить ягодами.

Салат «Фруктовый»

Продукты: 80 г вишни или черешни без косточек, 120 г апельсинов или абрикосов без косточек, 80 г клубники или малины, 120 г ананасов, 40 г кагора, 60 г густых сливок, 20 г сахарной пудры, 80 г сиропа консервированных фруктов.

Приготовление: Апельсины или абрикосы помыть, очистить, нарезать ломтиками или дольками и перемешать с остальными фруктами или ягодами, предусмотренными рецептом. Выложить в фужеры и полить сиропом, добавив в него немного кагора. Взбить с сахарной пудрой сливки и украсить ими салат, сверху разложить ягоды. Для салата-коктейля можно использовать бананы, виноград, дыню, сливу, смородину, яблоки, груши, чернослив.

Салат «Праздничный»

Продукты: 1 спелая желтая дыня, 300 г спелого арбуза, 1 гроздь черного винограда без косточек, 1 лимон, 5 грецких орехов, 100 г сахарной пудры.

Приготовление: Мякоть дыни и арбуза нарезать кубиками, ядра орехов измельчить, лимон нарезать вместе с цедрой, удалив семена. Все перемешать, добавить ягоды винограда, уложить в половинки вырезанной арбузной корки, посыпать сахарной пудрой и поставить на 1 час в холодильник.

Салат «Абрикосик»

Продукты: 500 г абрикосов, 50 г сахарной пудры, $^1/_2$ стакана сухого вина, 1 ст. л. лимонного сока.

Приготовление: Абрикосы вымыть, удалить косточки, нарезать кусочками, перемешать с сахарной пудрой, лимонным соком и вином.

Салат «Свекольная фантазия»

Продукты: 150 г вареной свеклы, 100 г свежих очищенных яблок, 50 г орехов, по 50 г чернослива без косточек, изюма или кураги, майонез, зелень.

Приготовление: Натертые на терке свеклу и яблоки, измельченные орехи, распаренный чернослив, изюм или курагу соединить, заправить майонезом с измельченной зеленью и выложить горкой в салатник. Украсить майонезом и продуктами, входящими в состав салата.

Салат «Нетерпение»

Продукты: 4 спелых плода авокадо, 150 г чернослива, 100 г сыра, 125 г сметаны, по 2 ст. л. измельченного фундука и сахара, 1 ст. л. лимонного сока.

Приготовление: Плоды авокадо тщательно промыть, разрезать пополам, косточки удалить, мякоть аккуратно вынуть чайной ложкой и измельчить. Чернослив промыть в теплой воде, удалить косточки, мякоть нарезать небольшими кубиками. Натертый на крупной терке сыр смешать с подготовленными фруктами, заправить сметаной, лимонным соком с сахаром, тщательно перемешать и разложить в половинки плодов авокадо. Посыпать толчеными орехами.

Салат «Минутка»

Продукты: 400 г апельсинов, 300 г яблок, 100 г сахара или сахарной пудры, 75 г сухого белого вина, 30 г ядер грецких орехов.

Приготовление: Яблоки и апельсины очистить от кожуры, нарезать кубиками, посыпать сахаром или пудрой, выложить на блюдо и полить вином. Сверху посыпать толчеными орехами. Перед подачей на стол выдержать в течение 1 часа на холоде.

Салат по-восточному

Продукты: 3 апельсина, 2 небольшие головки репчатого лука, 150 г оливок (можно фаршированных орехами), соль, душистый перец, кукурузное масло по вкусу.

Приготовление: Апельсины и лук очистить и нарезать тонкими кружочками. Оливки разрезать на 4 части. Все смешать и заправить по вкусу солью, кукурузным маслом и молотым душистым перцем.

Салат «Сытный»

Продукты: 4 спелых банана, 1 ст. л. твердого плиточного шоколада (с верхом), $1/2$ стакана сахарной пудры, грецкие орехи и взбитые сливки.

Приготовление: Смешать сахарную пудру с натертым на терке шоколадом. Очистить бананы и обвалять их целыми или нарезанными на крупные кружки в смеси из сахарной пудры, шоколада и измельченных орехов. Уложить фруктовый салат на блюдо и залить взбитыми сливками.

Салат «Космос»

Продукты: 300 г бананов, 300 г ананасов, 5 вареных яиц, 1–2 лимона, 50 г ядер грецких орехов, по 100 г сметаны и майонеза, 50 г зеленого салата.

Приготовление: Ананасы очистить и нарезать кубиками, бананы — тонкими кружочками, яйца порубить. В салатник или в отдельные фужеры выложить на листья салата сначала бананы, потом ананасы, потом яйца. Полить лимонным соком и смесью из сметаны и майонеза. Сверху украсить толчеными орехами.

Салат «Встреча»

Продукты: 1 стакан ядер грецких орехов, 1 ломтик белого хлеба, 1 ст. л. оливкового масла, 1 лимон.

Приготовление: Ядра грецких орехов пропустить через мясорубку и перемешать с размоченным в подсоленной воде белым хлебом. Добавить несколько капель оливкового масла и натертую на крупной терке цедру лимона. Хорошо охладить. Подавать с мясными блюдами.

Салат «Наслаждение»

Продукты: 700 г груш, 5 ст. л. сахара, 1 стакан воды, 1 стакан уксуса (3%), 4 гвоздики, корочка корицы, 1 лимон.

Приготовление: Груши очистить от кожуры, обрезать плодоножки, вынуть сердцевину. Небольшие груши оставить целыми, большие разрезать пополам. Чтобы груши не потемнели, положить в воду, добавив в нее лимонный сок. Из уксуса, воды, сахара и специй сварить сироп, положить туда груши и варить на слабом огне до готовности (груши готовы, если в них легко можно воткнуть спичку). Вареные груши выложить в стеклянную посуду, залить процеженным сиропом.

Салат «Десертный»

Продукты: 300 г груш, 300 г сыра, по 100 г майонеза и сметаны, 1 помидор, 1 вареное яйцо, 1 болгарский перец для украшения, сахар, соль по вкусу.

Приготовление: Очищенные груши нарезать соломкой или мелкими кубиками. Сыр натереть на крупной терке. Все перемешать и заправить сметаной. Майонез, сахар и соль добавить по вкусу. Украсить салат можно кусочками вареного яйца, кружками помидора или кусочками красного болгарского перца.

Салат «Солнечный»

Продукты: 600 г мякоти дыни, 3 апельсина, $^1/_2$ стакана отварного рассыпчатого риса, 2 ст. л. рубленых ядер грецких орехов, 4 ст. л. майонеза.

Приготовление: Апельсины очистить, разделить на дольки. Рассыпчатый рис смешать с нарезанной кубиками дыней, дольками апельсинов, посыпать грецкими орехами и полить майонезом.

Салат «Невероятный»

Продукты: 1 головка репчатого лука, по $1/2$ апельсина и грейпфрута, по 1 лимону и мандарину, 50 г листьев салата, 1 вареное яйцо, несколько листочков мяты.

Приготовление: Лук нарезать крупными кольцами, полить лимонным соком и поставить в холодильник на 1—2 часа. Салатник выложить зелеными листьями салата, уложить на них дольки апельсина, мандарина и грейпфрута, а сверху разложить подготовленные кольца лука. Украсить салат сверху кружочками вареных яиц, листьями мяты. Приготовить заправку из оливкового масла, лимонного сока, сухой горчицы и соли, взятых по вкусу, и залить салат, не перемешивая. Пропорции продуктов произвольные.

Салат «Творожный»

Продукты: 300–400 г маринованных яблок, 150 г маринованных вишен, 75 г изюма, 150 г творога, 100 г густых сливок, сахар, соль.

Приготовление: Изюму дать набухнуть в горячей воде и чуть подсушить его. Вишни очистить от косточек. Яблоки нарезать кубиками. Все смешать. Приготовить заправку: творог растереть со сливками, по вкусу добавить соль и сахар. Если смесь получилась слишком густой, добавить молока. Этим соусом заправить салат и выложить его в салатник.

Салат «Желейный»

Продукты: 400 г черной смородины, 1 ст. л. желатина, $3/4$ стакана холодной воды, 1 ч. л. лимонного сока, сахар по вкусу.

Приготовление: Ягоды черной смородины промыть, дать воде стечь и выложить в салатник. Желатин замочить в воде на 20—30 минут, нагреть до растворения, добавить лимонный сок и немного натертой лимонной цедры. Добавить сахар, охладить и залить ягоды.

Салат «На любой вкус»

Продукты: По 3 яблока, груши и мандарина, 2 красных апельсина, $1/2$ стакана майонеза, 1 лимон, 1 ч. л. сахарной пудры, 1 щепотка соли.

Приготовление: Яблоки, груши, апельсины и мандарины очистить, нарезать дольками, посыпать сахарной пудрой и, слегка посолив, перемешать с майонезом и лимонным соком. Сложить горкой в салатник, посыпать цедрой апельсинов и лимона, нарезанной тонкой соломкой, и украсить теми же фруктами. В зависимости от сезона фрукты и ягоды могут быть разные, но обязательно в сочетании с яблоками. Готовый салат подавать как самостоятельное блюдо, а также к холодному жареному или вареному мясу.

Салат «Ветер»

Продукты: По 1 банану, яблоку, апельсину и персику, 2 ст. л. мелко нарезанных консервированных ананасов, 1 ст. л. изюма, 1 ст. л. очищенного от косточек и мелко нарезанного чернослива, 500 г пломбира.

Приготовление: Банан очистить и нарезать кружочками. Яблоко очистить от кожицы, удалить сердцевину и нарезать кубиками. Апельсин очистить от кожуры, мелко нарезать. Персик также мелко нарезать. Смешать нарезанные фрукты, добавить к ним изюм и чернослив. Мороженое слегка растопить, чтобы оно стало мягким. Фрукты уложить в салатник. Сверху выложить мороженое. Салат сразу же подать к столу.

Салат «Ностальгия»

Продукты: 3 ломтика ананаса, по 2 банана и яблока, 1 гроздь винограда, по $1/2$ стакана сгущенного молока и майонеза, листья зеленого салата для украшения.

Приготовление: Ананас, бананы и яблоки нарезать дольками или кубиками, добавить ягоды винограда, удалив из них косточки. Заправить майонезом со сгущенным молоком, осторожно перемешать и хорошо охладить. Подать на блюде, украшенном листьями салата.

Салат «Хорошее настроение»

Продукты: 400 г слив, 200 г зеленых яблок, 50 г ядер грецких орехов,

1 ст. л. сахара, 1 ст. л. с горкой панировочных сухарей, 300 г винограда без косточек.

Приготовление: Сливы очистить от косточек и нарезать тонкими ломтиками. Добавить к ним крупно натертые яблоки, сахар, мелко истолченные орехи, панировочные сухари и размешать. Украсить ягодами белого сладкого винограда. Салат подается к мясу.

Салат «Сырная фантазия»

Продукты: 500 г твердого сыра, 4 сливы с плотной мякотью, 2 яблока, 250 г майонеза, 2 ст. л. сметаны.

Приготовление: Сыр натереть на крупной терке. Из слив удалить косточки. Яблоки очистить от кожицы и удалить сердцевину. Сливы и яблоки мелко нарезать. Соединить тертый сыр с фруктами, заправить майонезом и выложить в салатник горкой. Сверху полить салат сметаной. Украсить дольками слив. Салатник поставить в холодильник на 1,5—2 часа.

Салат «Славянский»

Продукты: 400 г яблок, 200 г соленых огурцов, 4 банана, $1/2$ стакана майонеза.

Приготовление: Очищенные бананы, яблоки и огурцы нарезать небольшими кусочками, соединить. Добавить майонез и осторожно перемешать.

Салат «Настроение»

Продукты: 400 г яблок, 200 г слив, 2 сырых желтка, 50 г сахара, 100 г сметаны.

Приготовление: Яблоки очистить, нарезать дольками, сливы разрезать пополам, удалить косточки, все перемешать и залить желтками, взбитыми с сахаром и сметаной.

Салат «Удивительный»

Продукты: 200 г черного винограда, 1–2 круглые дыни (например, «Колхозницы»), по 2 яблока, банана и апельсина, 120 г сметаны, 3–4 ст. л. меда, 8 ч. л. вишневого ликера, ванилин по вкусу.

Приготовление: Снять верхнюю треть дыни, удалить семена. Мякоть вынуть и нарезать кубиками, апельсины, яблоки и бананы — дольками. Виноград промыть, удалить веточки. Подготовленные продукты соединить и уложить в полость дыни. Заправить сметаной с медом, ликером и ванилином. Если дыня не стоит ровно, следует немного подрезать ее основание.

Салат «Лирика»

Продукты: По 80 г винограда без косточек, мякоти дыни и арбуза, 4 апельсина или грейпфрута, 4 ст. л. ликера.

Приготовление: Очистить апельсины (грейпфруты), вынуть мякоть и измельчить. Дыню и арбуз нарезать кубиками. Все продукты соединить, добавив ягоды винограда, заполнить «корзиночки» из апельсиновых корок, заправить ликером.

Салат «Нескучный сад»

Продукты: 500–600 г консервированных ананасов, 3 помидора, 2 апельсина, 1 ст. л. лимонного сока, 1 щепотка соли, 1 ч. л. сахара, несколько листьев зеленого салата, 2–3 ст. л. сливок (20–30%), 1 щепотка молотого имбиря.

Приготовление: Помидоры нарезать некрупными дольками, апельсин очистить, разделить на дольки, вынуть все косточки и разрезать дольки пополам, ананасы порезать на небольшие кусочки, добавить молотый имбирь. Перемешать и поставить в холодильник. Перед подачей на стол выложить все на листья салата, красиво расположив на блюде, сбрызнуть лимонным соком и полить смесью из сливок, соли и сахара.

Салат «Танго»

Продукты: 500 г спелой ежевики, 150 г ядер грецких орехов, 2 яичных желтка, $1/2$ стакана сахарной пудры, немного лимонной цедры.

Приготовление: Ягоды ежевики перебрать, промыть, выложить в салатник и посыпать толчеными ядрами грецких орехов. Взбить яичные желтки с сахаром, добавить немного натертой цедры лимона. Полученным соусом полить ягоды ежевики.

Салат «Смешинка»

Продукты: 100 г листового сельдерея, 100 г корневого сельдерея, 2 банана, 100 г листьев зеленого салата, 3 ст. л. уксуса (3%) или 1 ст. л. лимонного сока, 1 ст. л. сахарной пудры, 1 ст. л. растительного масла, соль по вкусу.

Приготовление: Корневую часть сельдерея нарезать мелкой соломкой, зелень порубить. Банан также нарезать мелкой соломкой. Продукты перемешать.

Для заправки: Смешать растительное масло, уксус, сахарную пудру и соль.

В салатник положить листья салата, на них выложить сельдерей с бананами, полить заправкой. Дать пропитаться 15—20 минут и подавать к столу.

Салат «Дружная семейка»

Продукты: 150 г корневого сельдерея, 200 г свежих яблок, 100 г крепких красных помидоров, 1 головка репчатого лука, 2 ст. л. растительного масла, 2 ст. л. лимонного сока, сахар, соль по вкусу, немного зелени сельдерея.

Приготовление: Сельдерей вымыть, очистить, нарезать мелкой соломкой и пассеровать на растительном масле. Яблоки, лук, помидоры очистить от кожуры и мелко нарезать.

Для заправки: Смешать лимонный сок с сахаром и солью.

Выложить все продукты в салатник, полить заправкой и перемешать. Украсить зеленью сельдерея.

Салат «Затейница»

Продукты: 8 киви, 600 г клубники, 2 апельсина, 1 лимон, 100 г меда, 1 ст. л. сахара, $2^1/_2$ ст. л. ликера амаретто, 100 г очищенного миндаля, 1 ст. л. сахарной пудры, 2 ст. л. сливочного масла.

Приготовление: Киви очистить, разрезать вдоль и нарезать дольками 3 мм толщиной. Клубнику вымыть, дать стечь воде, ягоды разрезать на половинки. Апельсины и лимон вымыть горячей водой, вытереть насухо и специальным ножом срезать с корки цедру. 250 мл воды довести до кипения, растворить в ней сахар. Сварить в воде с сахаром цедру и откинуть на дуршлаг. Цитрусовые разрезать на половинки, выжать сок и смешать его с медом и амаретто. Мешать до тех пор, пока мед не растворится. В блюдо выложить цедру, клубнику и киви. Сверху полить сладким соусом, осторожно перемешать и оставить на 10 минут. Миндаль высыпать в сковороду, посыпать сахарной пудрой, добавить сливочное масло и обжаривать до золотисто-коричневого цвета. Фруктовый салат можно разложить на блюде или в розетки, сверху посыпать миндалем.

Салат с клубникой

Продукты: 2 молодых белых редиса, 1 кисло-сладкое яблоко, 150 г клубники, 1 ст. л. лимонного сока, $1/2$ ч. л. сахара, 2 ст. л. оливкового масла, соль, перец по вкусу.

Приготовление: Редис вымыть и нашинковать тонкой соломкой. С яблок снять кожуру, удалить сердцевину и нарезать тонкой соломкой. Смешать лимонный сок с солью, сахаром, перцем и оливковым маслом. Перемешать редис с яблоком, заправить. В последнюю очередь положить в салат вымытую и разрезанную на четвертинки клубнику.

Салат из груш

Продукты: 4 груши, 10–12 грецких орехов, 1 соленый огурец, 3 ст. л. кефира или сметаны.

Приготовление: Каждую грушу разрезать на две части, вынуть сердцевину, грецкие орехи очистить, освободить от пленки, для чего на 10–15 минут положить в кипяток. В каждую половинку груши положить кусочки ядер орехов, полить кефиром или сметаной, посыпать мелко нарубленными солеными огурцами. Подать к столу в глубоком салатнике.

Салат «Ампир»

Продукты: 68 штук инжира, 6 кусочков сыра моццарелла, 60 мл оливкового масла, 1 ст. л. лимонного сока, 2 ч. л. гранатового соуса «Наршараб», по щепотке сухого чабреца и майорана, свежемолотый черный перец, морская соль по вкусу, свежий базилик по вкусу.

Приготовление: Срезать у инжира плодоножки и нарезать кружочками. Выложить на большое блюдо инжир в один слой, посыпать чабрецом и майораном. Сделать заправку из оливкового масла, лимонного сока, 2 щепоток соли и щепотки перца. Полить инжир заправкой и гранатовым соусом. Накрыть блюдо пищевой пленкой и поставить на час в холодильник. Затем сверху на инжир уложить сыр моццарелла, разломив кусочки пополам. Каждый кусочек сыра полить соусом, в котором мариновался инжир, и посыпать измельченным базиликом.

Салат «В домике»

Продукты: 300 г риса, 250 г дыни, 80 г огурцов, по 1 красному и желтому сладкому перцу, 50 г редиса, 50 г черных оливок без косточек, 50 г зеленых оливок без косточек, 6 ст. л. оливкового масла, листья базилика и соль по вкусу.

Приготовление: Отварите рис в подсоленной воде. Промойте, откиньте на дуршлаг, чтобы стекла вода. Обсушите, выложив на ткань. Положите в миску. Срежьте верхнюю часть дыни, выньте мякоть. Сделайте из нее специальной ложечкой небольшие дынные шарики. Вымойте редис, порежьте кубиками. Вымойте огурцы, порежьте тонкими кружочками. Вымойте сладкий перец, порежьте соломкой. Порежьте оливки. Смешайте все эти ингредиенты с рисом. Посолите, добавьте рубленые листья базилика, полейте оливковым маслом. Перемешайте. Выложите салат в пустую дынную половинку. Срез дыни можно сделать зубчатым. Подавайте к столу.

Салат «Легко и сытно»

Продукты: 2 банана, 2 яблока, 2 помидора, 250 г спагетти, 8 ст. л. сметаны, 100 г сыра, 6 ст. л. зеленого консервированного горошка, 100 г грецких орехов, 1 лимон, соль, молотые черный и красный перец, зелень петрушки по вкусу.

Приготовление: Спагетти отварить в подсоленной воде до готовности, воду слить. Бананы, яблоки и помидоры тщательно вымыть. Бананы очистить от кожуры и нарезать кружочками. Яблоки очистить от кожуры, удалить сердцевину и нарезать дольками. Помидоры нарезать кружочками. Зеленый горошек откинуть на дуршлаг и дать стечь жидкости. Сыр нарезать крупной соломкой. Уложить все компоненты в салатницу и аккуратно перемешать. Грецкие орехи очистить от скорлупы и, разделив ядра на половинки, слегка обжарить на сковороде. Приготовить соус из сметаны, свежего лимонного сока, соли и перца. Перед подачей к столу салат украсить зеленью петрушки и половинками ядер грецких орехов. Соус подать отдельно.

Салат «Загадка»

Продукты: 200 г зеленого винограда, 200 г черного винограда, 400 г мякоти дыни, 300 г сыра эдам, 30 г кедровых орешков, 2 ягоды инжира, 1–2 ч. л. горчицы, 1 ст. л. мелко нарезанного зеленого лука, 2 ст. л. белого винного уксуса, 4 ст. л. растительного масла, молотый черный перец и соль по вкусу.

Приготовление: Вымойте виноград, разрежьте пополам и удалите косточки. Дыню разрежьте пополам, удалите семена, срежьте корку. Мякоть дыни и сыр нарежьте полосками. Очищенные орешки обжарьте на сковороде без жира. Инжир разрежьте пополам, ложкой выньте мякоть и слегка ее разомните. Смешайте с горчицей, зеленым луком, винным уксусом, солью, молотым черным перцем и растительным маслом. Все перемешайте с соусом и оставьте на 10 минут.

Салат «Аленький цветочек»

Продукты: 2–3 ломтика ветчины, 1 пучок листового салата, 8 веточек базилика и мяты, 100 г козьего сыра, 1 ломтик дыни.
Для соуса: 1 зубчик нарубленного чеснока, 2 ст. л. рубленых грецких орехов, 2 ст. л. оливкового масла, 2 ст. л. кунжутного масла, 100 г соевого соуса, 2 ст. л. лимонного сока.

Приготовление: Обжарить чеснок и орехи на сковороде, добавить кунжутное масло, затем соевый соус и лимонный сок. Соус перемешать и остудить.

Тонко нашинковать листья салата, нарезать на кубики козий сыр. Выложить на тарелку сначала дыню, на нее сверху ветчину, сыр, салат, перемешанный с зеленью. Полить соусом. Подавать с тостами из белого хлеба.

ЭКЗОТИЧЕСКИЕ САЛАТЫ

Салат «Вкусно»

Продукты: 400 г очищенных креветок, 150 г мякоти ананаса, 1 стакан риса, 3 ст. л. тертого сыра пармезан, 2 ст. л. сливочного масла, 2 ст. л. оливкового масла, $1/2$ острого красного перца, соль по вкусу.

Приготовление: Рис всыпать в подсоленную воду и варить 15 минут. Добавить креветки и варить еще 3 минуты. Красный острый перец измельчить и смешать с оливковым маслом. Мякоть ананаса нарезать кубиками, выложить в глубокое блюдо, добавить перечно-масляную смесь и отварной рис с креветками. Перемешать, выложить в огнеупорную тефлоновую форму, посыпать сыром, поставить в разогретую духовку (180 °C) и запекать 5—7 минут. Вынуть из духовки, полить растопленным сливочным маслом и подавать в горячем виде, при желании украсив креветками, овощами и зеленью.

Салат «Раковые шейки»

Продукты: 5 вареных раков, 3 вареных яйца, ³/₄ стакана отварного рассыпчатого риса, половинка лимона, майонез, зелень укропа, соль.

Приготовление: Раков очистить. Раковые шейки и мясо из клешней измельчить. Яйца и укроп порубить. Из лимона выжать сок. Смешать все ингредиенты, включая рис, заправить салат майонезом, выложить в салатник.

Салат «Боцман»

Продукты: 600 г варено-мороженой смеси из морепродуктов (креветки, мидии, каракатицы, кальмары), 1 лимон, 1 пучок свежей петрушки,

1 красный болгарский перец, несколько листьев свежего орегано (или $1/2$ ч. л. сушеного), 2 зубчика чеснока, 5 ст. л. оливкового масла, соль, свежемолотый черный перец по вкусу.

Приготовление: Разморозить смесь из морепродуктов.

Для маринада: Перец очистить от семян и нарезать тонкими полукольцами, выдавить чеснок, добавить сок половины лимона и оливковое масло. Посолить, поперчить и посыпать орегано.

Морепродукты положить в маринад, хорошо перемешать и поставить в холодильник на 2 часа. Затем выложить салат на плоское блюдо. Петрушку мелко нарезать и посыпать салат. Подавать с дольками лимона.

Салат «Морской рай»

Продукты: 2 крепких помидора, 10 оливок, 100 г консервированных мидий в масле, 150 г креветок, 5 анчоусов в масле, 2 зубчика чеснока, 4 ст. л. винного уксуса, по 1 ст. л. масла от мидий и анчоусов, 2 ст. л. оливкового масла, по 1 пучку петрушки и салата.

Приготовление: Разделить салат на отдельные листья, промыть, высушить, выложить ими несколько стеклянных салатниц. Остальные листья крупно порезать, положить в миску. Добавить помидоры, нарезанные ломтиками, оливки, мидии, креветки, анчоусы, посыпать чесноком. Смешать петрушку, масло, уксус и залить салат. Блюдо выложить на листья в салатницы.

Салат «Римский профиль»

Продукты: 1 кочан салата, плод авокадо, 1 ст. л. лимонного сока, 400 г филе копченого лосося, 1 ст. л. горчицы, 5 ст. л. яблочного уксуса, 5 ст. л. растительного масла, 1 пучок укропа, соль, сахар, перец по вкусу.

Приготовление: Салат вымыть, обсушить и крупно нарубить. Авокадо очистить, вынуть косточку, нарезать дольками и полить лимонным соком. Нарезать лососину полосками и завернуть в них дольки авокадо. Сделать маринад из горчицы, уксуса и растительного масла. Добавить соль, сахар и перец. В большую миску положить листья салата, накрыть их рулетами из авокадо и лососины, полить маринадом и посыпать рубленым укропом. Украсить дольками лимона.

Салат «Любовная песня»

Продукты: 350 г вареного мяса птицы, 300 г очищенных долек апельсина, 150 г консервированной белой черешни, майонез.

Приготовление: Мясо нарезать кусочками, дольки апельсина разрезать пополам, удалив из них семена, черешню освободить от косточек, в майонез добавить сироп консервированной черешни, все перемешать.

Салат «Дюймовочка»

Продукты: 250 г креветок, по 1 гранату, апельсину и авокадо, майонез, соль.

Приготовление: Отварить в подсоленной воде креветки и почистить.

Очистить и разобрать на зернышки гранат, добавить его в креветки.

Апельсин и авокадо почистить, порезать кубиками и соединить с креветками и гранатом. Заправить майонезом и перемешать.

Салат «Изысканный»

Продукты: 0,5 кг вареной рыбы (горбуши), 2–3 вареных яйца, 200 г брынзы, 3 свежих помидора, 1 банка оливок, листья салата (можно несколько сортов), 2 апельсина, 1 ст. л. лимонного сока, 2 ст. л. растительного масла, зелень, соль по вкусу.

Приготовление: Крупно нарезать листья салата, порезать рыбу на средние кусочки, помидоры разрезать на крупные дольки, оливки — пополам, брынзу — кубиками, апельсины очистить от кожуры, разделить на дольки, разрезать их на несколько кусочков. Все перемешать. Вареные яйца разрезать на 4 части, выложить сверху салата. Сбрызнуть все лимонным соком, заправить растительным маслом и зеленью.

Салат «Банановый рай»

Продукты: 4 крупных банана, изюм, 4 ст. л. кокосовой стружки, 2 ст. л. мелко рубленной постной ветчины, 5 ст. л. густых сливок, лимон, зелень.

Приготовление: Изюм замочить в воде на 2—3 часа, затем отжать и соединить с нарезанной тонкими ломтиками мякотью бананов, кокосовой стружкой, мелко рубленной ветчиной и тертой цедрой лимона. Заправить сливками и лимонным соком, хорошо перемешать и дать постоять 30 минут. Подать к столу, украсив зеленью и ломтиками поджаренного белого хлеба.

Салат «Легкое дыхание»

Продукты: 200 г мяса (копченой говядины или свинины), 2 вареных яйца, по 1 киви и яблоку, 2 небольшие моркови, 1 зубчик чеснока, майонез.

Приготовление: Морковь и яйца отварить. Мясо натереть на терке, выдавить чеснок, добавить ложку майонеза и тщательно размешать. Полученную массу выложить в салатник. Киви очистить, натереть на терке и выложить сверху на мясо. Затем отделить белки от желтков. Выкладывать слоями, промазывая майонезом: белки, морковь, яблоко (все натереть на крупной терке). Украсить салат тертым желтком.

Салат «Деликатес»

Продукты: 150 г филе соленой сельди, 3 сырых яйца, 100 г репчатого лука, 50 г уксуса (3%), 20 г сливочного масла, 1 ч. л. сахара, $1/2$ ч. л. горчицы, зелень петрушки, яйцо вареное для оформления.

Приготовление: Филе сельди нарезать кубиками. Нашинкованный лук пассеровать в масле. Сырые яйца взбить с уксусом (яйца должны от уксуса свернуться), соединить с луком, сахаром, горчицей и заправить сельдь. Украсить зеленью и дольками вареного яйца.

Курица с ананасами

Продукты: 300 г курицы, 1 банка консервированных ананасов, 100 г сметаны, соль, карри.

Приготовление: Курицу отварить в подсоленной воде с пряностями. Остудить, отделить мясо от костей, порезать. Жидкость из компота слить, а порезанные ананасы добавить к курице. Заправить сметаной, посолить и посыпать карри.

Салат «Красота»

Продукты: 400 г копченой курицы, 400 г неострого сыра, 1 банка (625 г) консервированных ананасов, 1 пучок петрушки, мягкий майонез (оливковый).

Приготовление: Сыр и ананасы порезать кубиками, перемешать. Филе курицы нарезать не очень мелко и залить соком от ананасов. Дать постоять. Прямо перед подачей на стол слить ананасовый сок, мелко порезать петрушку, добавить ее в салат, заправить майонезом. Салат очень быстро «обтекает», поэтому хранить заправленным его не рекомендуется. Такой салат можно приготовить и без курицы: в этом случае сыр можно взять поострее, а петрушки побольше.

Салат «Сияние»

Продукты: 2 кочана листового салата, 2 свежих помидора, 1 небольшой огурец, половина лимона, 200–300 г малосольной форели, майонез, немного сухариков.

Приготовление: Дольки помидоров и огурца разложить на плоском блюде, затем слоями выложить половину крупно нарезанных листьев салата, половину лимона, нарезанного кубиками, рыбу, также порезанную кубиками, опять лимон, листья салата, украсить майонезом и сухариками.

Салат «Азиатские мотивы»

Продукты: 200 г отварного куриного филе, 1 большая зеленая редька, майонез, соль.

Приготовление: Мелко нарезать куриное филе и выложить на блюдо, сверху положить натертую на крупной терке редьку, слегка посолить, заправить майонезом.

Салат «Пирамидка»

Продукты: 300 г отварного куриного мяса, 2–3 отварные моркови, 1 свежий огурец, 3 грецких ореха, майонез, соль, перец.

Приготовление: Мясо курицы и отварную морковь нарезать тонкими полосками, огурец нарезать полосками, добавить грецкие орехи, все положить в салатник горкой и полить майонезом.

Салат «Гулянье»

Продукты: 2 куриных окорочка, $1/2$ банки зеленого горошка, 1 банка консервированных зеленых оливок без косточек, 1–2 вареных яйца, майонез, соль, перец по вкусу.

Приготовление: Куриные окорочка отварить в подсоленной воде. Вынуть из кастрюли, остудить, снять кожицу. Мясо мелко порезать.

Оливки порезать тонкими колечками. Яйца мелко порезать или натереть. Смешать курицу, оливки, яйца и зеленый горошек. При желании положить мелко порезанную петрушку и зеленый лук. При необходимости подсолить и поперчить. Заправить майонезом.

Салат «Утренний»

Продукты: 150 г филе цыпленка, 100 г стеблей сельдерея, 150 г сырых грибов (шампиньонов, маслят), 1 помидор, 1 ст. л. каперсов, 50 г сыра, 100 г майонеза, соль по вкусу.

Приготовление: Филе цыпленка и грибы сварить в подсоленной воде и нарезать соломкой. Мелко порубить сельдерей. Сыр натереть на крупной терке.

Осторожно все перемешать, добавить каперсы и заправить майонезом. Готовый салат украсить дольками помидора и зеленью.

Салат «Фирменный»

Продукты: 1 банка консервированных крабов, 1 банка (0,5 литра) консервированного зеленого горошка, майонез.

Приготовление: Отделить хрящевые пластинки от мякоти крабов и раскрошить на мелкие кусочки. Консервированный зеленый горошек (без жидкости) соединить с крабами. Посолить, заправить майонезом, перемешать и поставить в холодное место на 30—40 минут.

Салат «Вкусная смесь»

Продукты: 300 г отварного куриного филе, 0,5 кг отварных креветок,

1 банка зеленого горошка, 1 вареное яйцо, $3/4$ стакана очищенных грецких орехов, 1 апельсин, майонез, зелень петрушки, консервированная клубника.

Приготовление: Нарезать куриное филе, очистить креветки, добавить толченые орехи, яйцо, горошек, все перемешать и заправить майонезом. Украсить петрушкой, долькой апельсина и клубникой.

Салат «Застольный»

Продукты: 150 г буженины, 150 г майонеза, 1 лимон, $1/2$ ч. л. горчицы, 7 яиц, петрушка, соль, перец по вкусу.

Приготовление: Яйца отварить и нарезать кружочками. Буженину мелко нарезать, выложить на яйца и заправить смесью майонеза, горчицы и перца, посолить. Готовый салат украсить зеленью петрушки и дольками лимона.

Салат «Улыбнись»

Продукты: 3 сладких перца разного цвета, 2 свежих помидора, пучок зеленого лука, 100 г сыра твердых сортов, 100 г копченой колбасы.
Для соуса: 2 ст. л. сметаны, 1 ст. л. майонеза, 3–4 ст. л. кетчупа, 1 ч. л. сахара, сок 1 лимона, зелень.

Приготовление: Нарезать овощи, сыр и колбасу соломкой длиной 3 см. Приготовить соус и заправить салат.

Салат «Попробуй»

Продукты: 300 г копченого колбасного сыра, 15–20 оливок или маслин, 2 зубчика чеснока, майонез, 10 крабовых палочек.

Приготовление: Колбасный сыр очистить от корок и положить в морозильник. Замороженный сыр потереть на мелкой или средней терке. В сыр добавить продавленные через пресс зубчики чеснока и майонез (майонеза положить столько, чтобы сырная масса получилась не жидкой). Крабовые палочки или крабовое мясо натереть в отдельную тарелку. Если вместо крабовых палочек используются креветки, то их отварить 3—5 минут в подсоленной воде, остудить и мелко порезать. Небольшое количество сырной массы (примерно 1 чайную ложку) размять в лепешку, положить на нее оливку (или маслину) и скатать в шарик. Если оливки не фаршированные, то внутрь при желании можно положить кусочек грецкого ореха. Шарики обвалять в крабовых палочках.

Салат «Апельсиновое чудо»

Продукты: 900 г птицы, 350 г апельсинов, 350 г яблок, 150 г майонеза, 80 мл лимонного сока, $^3/_4$ стакана острого кетчупа, зелень.

Приготовление: Яблоки и апельсины очистить от кожицы, удалить семена и нарезать кубиками. Птицу отварить со специями в подсоленной воде, мясо отделить от костей, нарезать маленькими кусочками. Приготовленные продукты смешать, заправить смесью майонеза и острого кетчупа. Готовый салат сбрызнуть лимонным соком и украсить зеленью.

Салат «К празднику»

Продукты: 1 небольшой кочан свежей капусты, 3 куриные грудки, 10 штук кураги, 1 средняя головка репчатого лука, майонез.

Приготовление: Куриные грудки нарезать мелко и обжарить на сковороде. Затем обжарить лук, нарезанный полукольцами. Пока все остывает, нашинковать мелко капусту, добавить в нее предварительно замоченную, нарезанную кубиками курагу. Смешиваем все продукты и заправляем майонезом.

САЛАТЫ ДЛЯ РОМАНТИЧЕСКОГО УЖИНА

«Салат любви»

Продукты: 1 ананас и 300 г очищенных отваренных в подсоленной воде креветок, несколько листков петрушки, йогурт-лимонс по вкусу.

Приготовление: Срежьте у ананаса верхушку и аккуратно удалите его мякоть. Затем нарежьте мякоть мелкими кубиками и перемешайте с креветками. Добавьте нарезанную петрушку и направьте салат лимонным йогуртом. Переложите готовый салат в ананасовый бокал и накройте шапочкой.

Салат «Дама с гитарой»

Продукты: 2 стакана очищенных креветок, 2 ст. л. растительного

«Салат любви»

Продукты: 1 ананас и 300 г очищенных и отваренных в подсоленной воде креветок, несколько веточек петрушки , легкий майонез по вкусу.

Приготовление: Срежьте у ананаса шапочку и аккуратно выньте всю мякоть. Затем нарежьте мякоть мелкими кубиками и перемешайте с креветками. Добавьте измельченную петрушку и заправьте салат низкокалорийным майонезом. Переложите готовый салат в полый ананас и накройте шапочкой.

Салат «Пламя страсти»

Продукты: 2 стакана очищенных креветок, 2 ст. л. растительного масла, 1 ст. л. пшеничной муки, ¼ стакана молока, 100 г ананасового сока, 1 сырое яйцо, соль и перец по вкусу.

Приготовление: Отварите и обжарьте на разогретой сковороде с растительным маслом очищенные креветки. Через пару минут добавьте к ним муку и молоко. Все хорошенько размешайте и держите на огне до тех пор, пока не появятся пузыри. Затем немного убавьте огонь, добавьте ананасовый сок, соль и перец по вкусу. Пока блюдо томится на огне, взбейте тщательно яйцо, добавьте к креветкам, размешайте и поставьте в разогретую (160 °C) духовку минут на двадцать.

Салат «В тонусе»

Продукты: 500 г средних креветок в панцире, 500 г кальмаров, 70 г красной икры, 2 баночки мяса криля, оливковый майонез по вкусу.

Приготовление: Замороженные креветки отварить в подсоленной воде (не больше 2 минут с момента закипания) с добавлением укропа, лаврового листа, перца горошком, очистить. В этом же отваре сварить кальмары (не больше 3 минут с момента закипания), очистить. Кальмары нарезать соломкой, креветки положить целиком, добавить консервированное мясо криля, красную икру и майонез. Все перемешать и выложить в салатник, украсив зеленью укропа.

Это важно! Перед приготовлением салата попробуйте красную икру, если она очень соленая, то при варке креветок и кальмаров не солите воду.

Салат «Наваждение»

Продукты: 400 г мякоти ананаса, 250 г отварных очищенных креветок, 1 свежий огурец, 2 ст. л. зеленых оливок без косточек, 1 ст. л. винного уксуса, 2 ст. л. оливкового масла, 3 ст. л. измельченной петрушки.

Приготовление: Мякоть ананаса нарезать на мелкие кусочки и перемешать с креветками. Добавить нарезанный тонкими кружочками огурец. Оливки нарезать дольками и положить в салат. Выложить подготовленные ингредиенты в глубокое блюдо, сбрызнуть уксусом, заправить оливковым маслом и перемешать. При подаче посыпать измельченной петрушкой.

Салат-коктейль «Соблазн»

Продукты: 250 г куриной мякоти, 1 яблоко, 1 корень сельдерея среднего размера, 3 ст. л. миндаля, по 1 ст. л. сливок и майонеза, соль, сахар, перец черный по вкусу, зелень для украшения.

Приготовление: Сельдерей и яблоко очистить, нарезать тонкой соломкой. Мякоть вареной курицы тоже мелко нарезать. Миндаль поджарить и измельчить. Продукты соединить, посолить, добавить сахар и перец. Уложить в фужеры, заправить, не перемешивая, майонезом, соединенным со сливками. Украсить миндалем, дольками яблок, зеленью.

Салат «Обольщение»

Продукты: 400 г вареного мяса птицы, 200 г вареных шампиньонов, 100 г огурцов в горчичной заливке, 100 г вареного сельдерея, 200 г белого вина.

Приготовление: Мясо, шампиньоны, огурцы, сельдерей нарезать мелкими кусочками, все перемешать, посолить, залить вином.

Салат «Для двоих»

Продукты: 200 г мяса морского гребешка, 200 г кальмаров, 100 г креветок, по 4 помидора и огурца, 150 г маринованных грибов, майонез, маслины, черный молотый перец, соль.

Приготовление: Отварить и мелко нарезать все морепродукты, кроме креветок. Мелкими кусочками нарезать помидоры и грибы, огурцы нарезать соломкой. Все продукты смешать, заправить майонезом. Добавить по вкусу перец и соль. Сверху украсить половинками маслин, зеленью и вареными креветками.

Салат «Птичка»

Продукты: 400 г вареного куриного филе, 150 г яблок, по 100 г апельсинов и персиков, 50 г вишни, 200 г майонеза, 100 г молока концентрированного без сахара, лимонный сок по вкусу.

Приготовление: Куриное филе сбрызнуть лимонным соком. Персики и яблоки очистить от кожицы, косточек, вынуть сердцевину. Подготовленные продукты нарезать ломтиками, заправить майонезом и концентрированным молоком, перемешать. Поставить в холодное место в закрытой посуде на час, затем выложить в салатник и украсить вишнями, дольками апельсина.

Салат «Радуга любви»

Продукты: 500 г винограда (без косточек), по 125 г сыра и вареной ветчины, 120 г рубленого миндаля, 100 г яблок, 125 г йогурта, 3 ст. л. майонеза, 1 ст. л. лимонного сока, соль и молотый перец по вкусу.

Приготовление: Сыр, ветчину и яблоки нарезать кубиками. Добавить разрезанные вдоль ягоды винограда и заправить соусом, приготовленным из майонеза, йогурта, соли и перца. Все перемешать и посыпать рубленым миндалем.

Салат «Романтика»

Продукты: 2 корня сельдерея, 100 г грецких орехов, 50 г сыра «Рокфор», соль, перец, майонез, уксус, зелень петрушки.

Приготовление: Корень сельдерея отварить, очистить, нарезать кубиками, добавить измельченные ядра грецких орехов, тщательно растертый сыр, посолить, поперчить, заправить майонезом и уксусом, посыпать мелко нарезанной зеленью петрушки.

Салат «Любимому»

Продукты: 8 ломтиков лосося холодного копчения, 10 ядер жареного миндаля, 1 долька соленого лимона, 1 большой пучок салатных листьев, 1 ч. л. оливкового масла, 1 ч. л. лимонного сока, свежемолотый черный перец.

Приготовление: Рыбу перед использованием подержать 20—30 минут при комнатной температуре. В это время нагреть на среднем огне сухую сковороду и жарить на ней миндаль в течение 3 минут, постоянно помешивая, чтобы орехи приобрели ровный золотистый цвет. Снять с огня, переложить орехи в отдельную тарелку, чтобы они остыли.

Дольку соленого лимона промыть под струей холодной воды, освободить от мякоти и целлюлозы (потребуется только кожица, которую нужно нарезать очень тонкими полосками). Салатные листья положить в большую миску, добавить полоски лимона и поджаренный крупно порубленный миндаль. Заправить оливковым маслом и лимонным соком, посолить и поперчить по вкусу. Хорошо перемешать. На порционные тарелки положить ломтики лосося, а рядом — по горстке салата.

Салат «Тайная встреча»

Продукты: 500 г креветок в панцире, 70 г лососевой икры, 3 вареных яйца, $1/3$ стакана пропаренного длинного риса, соус «Тартар» для рыбы, майонез.

Приготовление: Креветки отварить и очистить, добавить отваренный рис и крупно порезанные яйца, икру. Заправить салат соусом.

Салат «Ожидание»

Продукты: $3/4$ стакана натурального йогурта, 1 ст. л. маковых семян, $1/4$ стакана апельсинового сока, $1/2$ стакана сока лайма, 1 стакан крабового мяса, $1 1/2$ ст. л. майонеза, $1/4$ стакана измельченного зеленого лука, $1/4$ стакана порезанных кубиками свежих огурцов, 2 нарезанных тонкими полосками персика (без косточек), 8 крупно порванных листьев салата-латука, соль, молотый перец по вкусу.

Приготовление: Сначала приготовить заправку — взбить вместе йогурт, мак, апельсиновый сок и $^1/_4$ стакана сока лайма до получения однородной смеси. Посолить и поперчить по вкусу.

Затем соединить крабовое мясо с оставшимся соком лайма, майонезом, зеленым луком и огурцами. По вкусу добавить соль и молотый перец. Смешать ломтики персиков с половиной заправки. Положить на каждую порционную тарелку горсть крупно порванного салата-латука, по краям салата распределить персики, в центр положить большую ложку смеси крабового мяса с овощами. Полить оставшейся заправкой, посыпать перцем.

Салат «Виноградный»

Продукты: 200 г винограда (без косточек), 1 копченая курица (бедро), 1 пучок салата, майонез.

Приготовление: Нарезать виноград и курицу кусочками, добавить резаный салат, заправить майонезом.

Салат «Болеро»

Продукты: 200 г сыра «Рокфор», 400 г зеленого салата, 200 г нежирных сливок, 1 ст. л. лимонного сока, молотый черный перец.

Приготовление: Сыр раскрошить, смешать со сливками, лимонным соком и перцем, после чего растереть до однородной консистенции. Часть зеленого салата мелко нарезать и хорошо перемешать с подготовленной сырной массой. Дно тарелки или салатника красиво выстлать листьями зеленого салата и на них выложить приготовленный салат.

Салат «Вдвоем»

Продукты: Несколько тонких ломтиков ветчины, 1 вилок салата, 8 веточек базилика и мяты, 100 г козьего сыра, 1 ломтик дыни или арбуза.
Для соуса: мелко нарубленная долька чеснока, 2 ст. л. рубленых грецких

орехов, 3 ст. л. оливкового масла, 100 г соевого соуса, 2 ст. л. сока лайма или лимонного сока.

Приготовление: Обжарить чеснок и орехи на сковороде, добавить масло, соевый соус и сок лайма. Соус перемешать и остудить.

Тонко нашинковать салат, порезать на кубики козий сыр. Выложить на тарелку сначала дыню, на нее сверху ветчину и сыр, затем салат, перемешанный с зеленью. Полить соусом. Подавать с тостами из белого хлеба.

Салат «Ромео»

Продукты: 1 спелый ананас, 300 г сыра (по вкусу), майонез, зелень петрушки.

Приготовление: Ананас и сыр порезать одинаковыми кубиками, смешать с зеленью. Заправить майонезом или натуральным йогуртом, солить по вкусу.

Салат «Для мужчин»

Продукты: 1 средний корень сельдерея, 1 яблоко, 100–150 г белого мяса курицы или ветчины, $1/3$ банки зеленого горошка, майонез.

Приготовление: Потереть все овощи на терке, чтобы получилась длинная «лапша», мясо нарезать ломтиками, добавить горошек, заправить легким майонезом. Мясо можно заменить твердым сыром.

Салат «Царский»

Продукты: 2–3 огурца, 1 крупный помидор, 1 пучок зелени, 1 пучок салата, 200 г сыра, $1/2$ стакана ядер грецких орехов, 200 г ветчины, майонез.

Приготовление: Огурцы и ветчину порезать недлинной соломкой, помидор — на четвертинки, затем очень тонкими пластинками. Сыр натереть на крупной терке, орехи измельчить, зелень нашинковать, салат рвать на кусочки руками. Заправить майонезом и аккуратно перемешать.

Салат «Свидание»

Продукты: 200 г зеленого салата, 2–4 мандарина, 200 г креветок или крабовых палочек, майонез.

Приготовление: Креветки отварить в подсоленной воде (около 3 минут). Если используются крабовые палочки, порезать их кольцами. Мандарины очистить от кожицы, разобрать на дольки и снять с долек пленки. Если дольки крупные — разрезать на 2–3 части. Салат вымыть и нарезать. Зелень, мандарины и креветки перемешать и заправить майонезом.

Салат «Под парусом»

Продукты: 200 г креветок, 200 г мидий, 100 г кальмаров, банка мяса краба, 1 небольшой кочан китайского салата, 1 пучок укропа, майонез.

Приготовление: Морепродукты очистить, отварить, порезать. Листья салата промыть, нарезать. Все перемешать, заправить майонезом (можно использовать растительное масло, смешанное с лимонным соком). Посыпать мелко нарезанным укропом.

ДЕТСКИЕ САЛАТЫ

Салат «Витаминка»

Продукты: $1/4$ моркови, $1/4$ яблока, $1/2$ ч. л. растительного масла.

Приготовление: Морковь и яблоко вымыть, очистить, натереть на терке. Заправить маслом, добавив щепотку соли и сахара.

Салат «Зеленый человечек»

Продукты: 2 листа белокочанной капусты, 1 веточка укропа, 1 ч. л. растительного масла.

Приготовление: Очищенную вымытую капусту натереть на мелкой терке или пропустить через мясорубку, добавить немного мелко нарезанного укропа и растительного масла.

Салат «Кислинка»

Продукты: $1/2$ отварной свеклы, 1 ч. л. лимонного сока, 2 ст. л. кипяченой воды.

Приготовление: Свеклу натереть на мелкой терке, добавить лимонный сок, разведенный небольшим количеством кипяченой воды.

Салат «Карапуз»

Продукты: 1 отварная картофелина, 40 г вареного мяса, 1 свежий или соленый огурец, $1/2$ яблока, $1/2$ вареной моркови, 2 ст. л. зеленого консервированного горошка, 2 ч. л. растительного масла, 1 яйцо, 1 перо зеленого лука.

Приготовление: Картофель, яблоко, часть моркови, огурец и мясо нарезать мелкими кубиками. Добавить зеленый горошек, масло и перемешать. При подаче посыпать натертым на мелкой терке вареным яйцом, «цветочками» из моркови и нашинкованным зеленым луком.

Салат «Смешарики»

Продукты: 2–3 листа капусты, $1/2$ моркови, половинка яблока, 2 перышка зеленого лука, $1/4$ сладкого перца, 2 ст. л. растительного масла.

Приготовление: Капусту нарезать мелкой соломкой, морковь очистить и натереть на терке, яблоко и перец помыть, удалить семена, нарезать кубиками, посыпать мелко нарезанной зеленью и полить маслом.

Салат «Ням-ням»

Продукты: $1/2$ свеклы, 2–3 штуки чернослива, 2 ст. л. растительного масла, 1 ч. л. лимонного сока, сахар по вкусу.

Приготовление: Свеклу помыть, очистить, натереть на терке, чернослив залить кипятком на полчаса, вынуть косточки, нарезать кружочками. Приготовить заправку из лимонного сока, масла и сахара. Смешать все продукты и полить заправкой.

Салат «Улыбка»

Продукты: По 1 небольшому яблоку, груше, персику, банану. Для заправки использовать йогурт, кисель, компот, мороженое, взбитые сливки.

Приготовление: Вымыть и очистить, яблоко, грушу, банан, вынуть косточку у персика. Все фрукты нарезать кубиками и заправить по желанию.

Салат «Сахарная дыня»

Продукты: 250 г мякоти дыни, 300 г малины, 500 г мороженого, сахар по вкусу.

Приготовление: Дыню очистить от кожуры и семян, нарезать мелкими кубиками, добавить малину, перемешать, посыпать сахаром, украсить мороженым (лучше пломбиром).

Салат «Сказочный»

Продукты: По 120 г яблок и моркови, по 30 г изюма, сметаны и меда, 20 г сахара.

Приготовление: Яблоки и морковь очистить, нарезать соломкой, соединить с промытым изюмом, заправить сметаной с медом или сахаром. Подать на небольших тарелочках.

Салат «Много друзей»

Продукты: 1 апельсин или мандарин, 1 груша, половинка яблока, 10–15 ягод винограда без косточек, 1 коробочка йогурта.

Приготовление: Фрукты вымыть, апельсин очистить, разделить на дольки и разрезать каждую пополам, предварительно освободив от белых перегородок, из груши и яблока удалить сердцевину, нарезать кубиками, виноград разрезать пополам. Все аккуратно перемешать, залить йогуртом.

Салат «Игра в прятки»

Продукты: 250 г черной смородины, 150 г яблок, 100 г моркови, 50 г меда, 1 ст. л. лимонного сока.

Приготовление: Очищенную смородину смешать с очищенными и натертыми яблоками и морковью. Полить салат медом, лимонным соком, хорошо размешать. Сервировать как гарнир к мясу.

САЛАТЫ СО ВСЕГО СВЕТА

АВСТРАЛИЯ

Салат «Побережье»

Продукты: 2 авокадо, сок 1 лимона, 100 г шампиньонов, 1 головка репчатого лука, 2 помидора, 1 банка консервированных мандаринов, 100 г вареного окорока, 100 г креветок.

Для салатного соуса: 1 ст. л. горчицы средней остроты, 1 ст. л. томатной пасты, 125 мл белого вина, 6 ст. л. жирных сливок, 3 ст. л. уксуса, соль, перец, сахар, $1/2$ пучка эстрагона, $1/2$ пучка зеленого лука.

Приготовление: Снять с авокадо кожуру, разрезать пополам, извлечь косточку и порезать небольшими дольками. Сразу же сбрызнуть половиной лимонного сока. Почистить шампиньоны, тонко порезать и тоже сбрызнуть лимонным соком. Мелко порубить лук, снять кожуру с помидоров, извлечь семечки и порезать кубиками. Обсушить дольки мандаринов, нарезать окорок тонкими полосками. Осторожно смешать креветки с остальными компонентами в миске.

Для соуса: Перемешать горчицу с томатной пастой, белым вином, сливками и уксусом. Приправить солью, перцем и сахаром.

Заправить салат соусом. Перед подачей на стол посыпать мелко нарезанными эстрагоном и луком.

Секреты кулинара: Авокадо наиболее вкусный, когда он чуть мягковатый. Твердый — незрелый и потому невкусный, а слишком мягкий — перезрелый и тоже потерявший свои вкусовые качества. У зрелого авокадо привкус молодого ореха.

Чтобы авокадо дозрел, оставьте его в комнате на несколько дней. Как только плод станет чуть мягким на ощупь — его можно есть. Жесткий незрелый авокадо можно положить в полиэтиленовый пакет вместе с кусочком свежего яблока и завязать. Так он дозреет быстрее.

Салат «Любовь моряка»

Продукты: 4 мидии в раковинах, 35 г филе кальмара, 20 г стеблей сельдерея, 25 г сырых очищенных тигровых креветок, 2 г перца чили, 10 г зеленого лука, 20 г соевого соуса, 10 г сахарного песка, 5 г пасты кэрри.

Для украшения: 20 г моркови, 1 лист салата-латука, 1 луковица.

Приготовление: Мидии варить в раковинах на маленьком огне 2 минуты, затем достать из раковин и остудить в холодной воде. Кальмары и креветки варить на маленьком огне в течение 2 минут и также остудить. Смешать в кастрюле мелко нарезанный перец, сельдерей, нашинкованный зеленый лук, соевый соус, пасту и сахар. Добавить морепродукты и все перемешать. В каждую раковину положить 1 мидию, 1 креветку, кусочек кальмара. Украсить блюдо и подать на стол.

Салат «Викторианский»

Продукты: 3 киви, 1 крупный персик, 100 г мякоти кокоса, 3 ст. л. изюма, 1 морковь, 8 фиников, 5 ст. л. сливок, 2 ч. л. меда, щепотка перца, сок половины лимона.

Приготовление: Морковь очистить и натереть на крупной терке. Вымыть изюм, откинуть его на дуршлаг и дать стечь воде. Смешать тертую морковь с изюмом и 2 чайными ложками лимонного сока. Мякоть кокоса порезать на небольшие кусочки. Финики вымыть, разрезать вдоль и удалить косточки. Плоды киви очистить от кожуры и нарезать тонкими ломтиками. Персик также очистить от кожицы, удалить косточку, предварительно разрезав пополам, нарезать небольшими кубиками. Добавив в сливки 2 чайные ложки меда, 1 чайную ложку лимонного сока и щепотку перца, взбить с помощью миксера состав до образования густой пены. Кусочки порезанных фруктов разложить на блюде, оставив центр его свободным, и сбрызнуть их остатками лимонного сока. В центре блюда разместить горкой смесь моркови с изюмом, на которую выложить взбитые сливки.

Секреты кулинара: Выбирая киви, отдавайте предпочтение твердым, полным плодам без пятен. Если плоды зрелые, они должны немного продавливаться при нажатии, хотя им всегда можно дать дозреть в теплом месте, поместив в бумажный мешок. Хорошо вызревшие плоды можно очистить руками или очень острым ножом. Если кожица плохо очищается, опустите плод в кипяток на несколько минут. Чем спелее плод, тем более сладким и менее острым он становится.

Не используйте плоды, если мякоть темно-зеленая или мятая — это указывает на то, что киви перезрел.

Салат «Фестивальный»

Продукты: 3 киви, 2 грейпфрута, 500 г куриного филе, 8 ст. л. растительного масла, 1 яйцо, 2 ст. л. апельсинового сока, 3 ст. л. йогурта, 1 ст. л. мелко нарезанного зеленого лука, соль, черный перец.

Приготовление: Куриное филе посолить, поперчить и обжарить со всех сторон в 2 столовых ложках горячего растительного масла до образования золотисто-коричневой корочки. Закрыть крышкой и тушить на малом огне в течение 15 минут. Грейпфруты вымыть, очистить от кожуры, удалить полностью белую часть цедры, с помощью острого ножа отделить дольки друг от друга, а затем снять с долек покрывающую их пленку. Плоды киви также вымыть, очистить от кожуры, очищенную мякоть разрезать вдоль на половинки, а половинки нарезать ломтиками. Разбить яйцо и отделить желток от белка. Добавить к яичному желтку апельсиновый сок, соль, перец и слегка все это взбить. Продолжая взбивать, постепенно добавить 6 столовых ложек растительного масла и получить однородную густую массу. Добавить в эту массу йогурт и мелко нарезанный зеленый лук и хорошо перемешать получившийся густой соус. Тушеное куриное филе разделить на небольшие ломтики и подать к столу с ломтиками плодов киви и кусочками мякоти грейпфрутов, залив все сверху приготовленным соусом.

Салат «Абориген»

Продукты: 8 тонких ломтиков ветчины, 4 помидора, 1 стакан измельченных огурцов, 1 стакан измельченных яблок, 1 стакан измельченного сельдерея, 2 ст. л. сока апельсина, 2–3 листа салата, майонез.

Приготовление: Каждый ломтик ветчины скатать в небольшой рулет. Огурцы, яблоки и сельдерей перемешать с соком апельсина, выложить на плоскую тарелку, обложить кругом салатными листьями, четвертушками помидоров и рулетами из ломтиков ветчины. Обильно полить майонезом.

Салат «Фруктовый фейерверк»

Продукты: 4 киви, 2 банана, 1 небольшой ананас, 2 ст. л. дробленых ядер орехов, 2 ст. л. сахарной пудры, 2 пакетика ванильного сахара, 3 ст. л. лимонного сока, 3 ст. л. фруктового сиропа.

Приготовление: Ананас вымыть, очистить от кожуры, удалить сердцевину и нарезать очищенную мякоть мелкими кусочками. Бананы и плоды киви вымыть, очистить от кожуры и очищенную мякоть нарезать кружочками. Перемешать нарезанные фрукты в глубокой салатнице, добавить к ним дробленые ядра орехов, сахарную пудру, ванильный сахар. Заправить салат фруктовым сиропом с лимонным соком и тщательно все перемешать. Перед подачей на стол салат можно украсить взбитыми сливками.

Салат «Сладкий сон»

Продукты: 1 маленький апельсин, 1 киви, 100 г творога, 1 ст. л. ядер лесных орехов.

Приготовление: Апельсин очистить так, чтобы не было белых волокон. Затем вырезать ножом мякоть из долек. Собрать выделяющийся при этом сок. Киви очистить и порезать дольками. Собранный апельсиновый сок добавить к творогу. Часть лесных орехов отложить для украшения. Оставшиеся орехи измельчить и подмешать к творогу. Творог положить на тарелку, сверху декоративно уложить дольки фруктов, а поверх поместить оставшиеся ядра лесных орехов.

Секреты кулинара: Этот фруктовый салат следует есть сразу после приготовления, т.к. в свежих киви содержится фермент, расщепляющий белок, что может разложить творог. Он тогда станет горьким.

Салат «Капитанский»

Продукты: 4 маленьких авокадо, 125 г отваренных тигровых креветок, 6 ст. л. несладкого йогурта, пучок свежего кориандра, цедра 1 лайма или лимона, молотый перец, соль.

Приготовление: Плоды авокадо разрезать пополам, достать косточку и каждую половинку разрезать еще пополам, не задевая кожуры. Установить кусочки авокадо в кожуре, сверху посыпать креветками. Сделать соус, соединив йогурт, пучок порезанного кориандра, цедру 1 лайма, соль и свежемолотый чёрный перец. Выложить соус сверху и подавать.

> *Секреты кулинара: Вместо несладкого йогурта можно использовать сметану, а вместо свежего кориандра использовать готовую приправу «Кориандр».*

Салат «Пастушка»

Продукты: 300 г бекона, 1 авокадо, 1 вилок салата, салатная заправка.

Приготовление: Разложить листья салата на двух тарелках. Запечь на гриле 6 полосок бекона до корочки, порезать их на кусочки по 2 см и положить на салат. Сверху добавить 1 авокадо, очищенный и порезанный на дольки. Заправить французской заправкой или любым другим соусом по вкусу и сразу же подавать.

Салат «Флибустьер»

Продукты: 150 г филе лосося, 1 апельсин, 1 авокадо, 1 пучок зеленого лука, 60 г кресс-салата, 60 г шпината, 4 ст. л. оливкового масла, 2 ст. л. красного винного уксуса, 1 ч. л. тмина, соль, перец, 1 ст. л. шнит-лука.

Приготовление: Обжарить филе лосося на сковороде в течение 2 минут до готовности. Дать остыть и разломать рыбу на кусочки. Тонко натереть цедру 1 апельсина и разобрать его на дольки, очистив от пленок (сохранить сок). Разложить апельсин на блюде с 1 пучком порезанного зеленого лука, плодом авокадо, нарезанным на дольки, и листьями кресс-салата и шпината. Добавить кусочки лосося. Соединить 4 столовые ложки оливкового масла, 2 столовые ложки красного винного уксуса, тмин, соль и перец и заправить салат. Готовый салат посыпать шнит-луком.

Салат «Калгари»

Продукты: 3–4 болгарских перца, 1 авокадо, 1 перо зеленого лука, кориандр, сок ½ лайма.

Приготовление: Разогреть духовку до 230 °C. Порезать 3—4 перца пополам, очистить от семечек, положить на противень срезом вверх и запечь в течение 7—10 минут. Дать остыть и затем очистить от кожуры. Размять в пюре мякоть 1 авокадо, добавить 1 мелко порезанное перо зеленого лука, заправить кориандром и соком лайма и наполнить получившейся массой перцы.

Салат «Дарлинг»

Продукты: 3–4 авокадо, 100 г сыра «Фета» или брынзы, 4 помидора, 15 г свежего базилика, 1 ст. л. красного винного уксуса, 5 ст. л. оливкового масла, ½ ч. л. дижонской горчицы, щепотка сахара, соли, черного перца.

Приготовление: Мелко нарезать и соединить очищенные авокадо, сыр, очищенные от семян и кожуры помидоры и свежий базилик. Налить в плотно закрывающуюся банку красный винный уксус, оливковое масло, дижонскую горчицу, щепотку сахара, соли и черного перца, закрыть и хорошенько встряхнуть. Заправить салат получившейся заправкой и подавать.

АЗИЯ

АЗЕРБАЙДЖАН

Салат «Баку»

Продукты: 60 г помидоров, 50 г огурцов, 15 г зеленого лука, 20 г лука репчатого, 40 г редиса, 30 г сметаны, укроп, перец, соль.

Приготовление: Помидоры, огурцы и красный редис нарезать тонкими кружочками и уложить на блюдо, в центр положить нарезанный зеленый лук. Репчатый лук нарезать кольцами и уложить на помидоры, заправить солью, перцем, сметаной, посыпать укропом, вокруг салата положить листья зеленого салата.

Салат «Огненная река»

Продукты: 200 г молодого красного перца, 3 г соли, 10 г зеленого лука, 3 зубчика чеснока, 2 ст. л. растительного масла, 2 г кунжута, 2 г столового уксуса, 80 г крепкого мясного бульона.

Приготовление: Из перца удалить семена и тонко его нашинковать. Ошпарить перец в 0,5%-ном растворе соли. Лук нашинковать, чеснок измельчить. Вынуть перец из подсоленной воды, заправить его луком, чесноком, бульоном, прокипяченным маслом, кунжутом и уксусом.

Салат с редисом по-сумгаитски

Продукты: 100 г редиса (белого или красного), половинка яйца, 40 г огурцов, 40 г моркови, салат зеленый, соль.

Приготовление: Белый редис очистить от кожицы, нарезать белый или красный редис ломтиками. Положить редис в виде горки в салатник и украсить огурцами, нарезанными кружочками, морковью, яйцами, нарезанными дольками, зеленым салатом и посыпать укропом. В центр поместить редис в виде цветка.

АРМЕНИЯ

Ванадзорский салат

Продукты: 500 г моркови, 1 ст. л. растительного масла, 6 ч. л. сливочного или топленого масла, 1 ч. л. семян тмина, щепотка молотой гвоздики, $2^1/_2$ см мелко шинкованного свежего корня имбиря, 2 свежих зеленых перца чили, очищенных от семян и мелко нарезанных, 1 ч. л. молотого кориандра, 4 ст. л. нарезанного свежего укропа, соль, веточки укропа.

Приготовление: Нарезать морковь кусочками и отложить. Подогреть растительное и сливочное (топленое) масло в кастрюле и жарить семена тмина около 30 секунд, пока они не начнут лопаться. Добавить гвоздику, имбирь, чили, кориандр и жарить еще 2 минуты. Положить морковь, перемешать, влить 6 столовых ложек воды.

Тушить на умеренном огне под крышкой 5 минут, пока морковь не станет мягкой. Снять крышку, добавить резаный укроп, посолить и подержать на сильном огне еще 2 минуты до испарения лишней жидкости. Подавать блюдо горячим, украсив веточками укропа.

ГРУЗИЯ

Салат «Угощение аксакала»

Продукты: 100 г баклажанов, 50 г репчатого лука, 30 г растительного масла, 30 г винного уксуса, соль по вкусу.

Приготовление: Подобрать равные по величине зрелые баклажаны, нарезать кружочками толщиной 2 см, посолить и оставить на 5—10 минут для выделения горького сока, затем кружки отжать и поджарить на растительном масле. На дно банки положить нарезанный кружками репчатый лук, посолить, затем заполнить банку баклажанами и луком, залить винным уксусом с черным перцем, банку закрыть и хранить в холодном темном месте.

ИНДИЯ

Салат «Джунгли»

Продукты: 2 манго, 2 апельсина, 2 банана, по 60 г черного и белого винограда, 1 папайя, натертая цедра и сок одного лимона и одного апельсина, $1/4$ стакана сахарной пудры, молотый черный перец, натуральный йогурт.

Приготовление: Очистить от кожуры манго и удалить косточку, мякоть нарезать тонкими ломтиками, отложив мелкие кусочки. Бананы очистить и нарезать наискось.

Очистить апельсины и разделить их на дольки. Делать это лучше над миской, чтобы собрать сок. Виноградины разрезать пополам и удалить косточки. Папайю очистить, разрезать пополам, вынуть ложкой семена и нарезать мякоть ломтиками, мелкие кусочки собрать. Положить фрукты в вазу.

Поместить апельсиновый и лимонный соки, сахар и мелкие кусочки манго и папайи в смеситель или кухонный комбайн с металлической насадкой и взбить до получения однородной массы. Подсыпать цедру лимона и черный перец. Полить фрукты и поместить в холодильник за час до подачи. Подавать с йогуртом.

КАЗАХСТАН

Салат «Шалгам»

Продукты: 500 г редьки, 125 г сладкого болгарского перца, 2 моркови, 1$^1/_2$ головки репчатого лука, 1 головка чеснока, 75 г заправочного соуса, соль и специи по вкусу.

Приготовление: Очищенные редьку и морковь нарезать тонкой соломкой и перетереть с солью. Сладкий болгарский перец, лук и чеснок нарезать. Все овощи перемешать, посолить, посыпать перцем, добавить заправку, украсить ломтиками перца, редьки, зеленью.

Заправочный соус: 2 столовые ложки растительного масла, 2 столовые ложки 3%-ного уксуса, сахар, красный молотый перец, соль по вкусу.

Соль, сахар, красный молотый перец смешать с уксусом, влить растительное масло, перемешать и заправить салат.

Чикменский салат

Продукты: 200 г картофеля, 400 г говядины, 4 яйца, 200 г соленых огурцов, 60 г моркови, 40 г зеленого горошка, 150 г яблок, 160 г майонеза, 60 г сметаны, зелень, перец, соль по вкусу.

Приготовление: Вареный картофель, жареное мясо, морковь, огурцы, очищенные от кожицы, и свежие яблоки нарезать тонкими ломтиками, добавить зеленый горошек и все перемешать, затем посыпать перцем, заправить сметаной и майонезом. Заправленный салат положить в салатник, украсить кусочками мяса, яблок, омлетом и зеленью.

КИТАЙ

Салат из проросшей фасоли маш

Продукты: 1 стакан фасоли, 2 зеленых перца чили, очищенных от семян и мелко нарезанных, $2^1/_2$ см натертого свежего корня имбиря, 1 стакан стружки свежего кокосового ореха, $^1/_2$ огурца, нарезанного кусочками, сок 1 лимона, соль и перец, 1 манго, 2 ст. л. растительного масла, $^1/_2$ ч. л. семян горчицы, листья кориандра и стружка лимонной цедры (по желанию).

Приготовление: Промыть фасоль и положить в миску, залить холодной водой. Замочить на 30 минут. Откинуть фасоль, положить ее в корзинку или обернуть влажной салфеткой и оставить на 2 дня, тщательно промывая каждые 12 часов, пока фасоль не прорастет. Положить проросшую фасоль в миску и добавить чили, имбирь, кокосовый орех, огурец и лимонный сок. Посолить и поперчить.

Очистить манго, удалить косточку, затем нарезать мякоть и добавить в салат. Нагреть масло в небольшой кастрюле и засыпать горчичные семена, жарить их одну минуту, пока они не начнут лопаться. Перелить содержимое кастрюльки в салат и аккуратно перемешать. Поставить на холод на 30 минут. Подавать, украсив листьями кориандра и лимонной цедрой.

Салат по-пекински

Продукты: 50 г огурцов, 50 г помидоров, 20 г сладкого перца, кинза, зеленый лук, базилик, 3 ст. л. винного уксуса, перец, соль.

Приготовление: Огурцы, помидоры и сладкий перец нарезать маленькими кубиками, добавить мелко нашинкованную зелень, уксус, перец, соль и перемешать.

Салат «Коготь дракона»

Продукты: 125 г картофеля, 80 г квашеной капусты, 50 г репчатого лука, 15 г подсолнечного масла, соль, перец, зелень по вкусу.

Приготовление: Сваренный на пару или в воде картофель охладить, очистить от кожуры, нарезать кружочками, сложить в посуду; добавить шинкованную капусту, отжатую от рассола, соль, перец, подсолнечное масло, мелко нарезанный репчатый лук, осторожно перемешать, переложить в салатник и посыпать зеленью.

КОРЕЯ

Салат «Легенда»

Продукты: 1 кг капусты, 100 г моркови, 200 г свеклы, 5 лавровых листов, перец душистый, 1 ст. л. соли, 1 ст. л. винного уксуса.

Приготовление: Капусту, морковь и свеклу очистить, нарезать соломкой, перемешать с солью и пряностями, сложить в банку, залить винным уксусом. Банку закрыть герметично и хранить в прохладном месте.

☙ *Секреты кулинара: Лучше готовить это блюдо из молодой капусты.*

Салат из креветок в коричневом соусе

Продукты: 150 г креветок, 5 г имбиря, 5 г оливкового масла, 1 ч. л. рисовой водки, 30 г соевого соуса, 15 г зеленого лука, 1 ч. л. столового уксуса, щепотка концентрата куриного бульона.

Приготовление: Креветки сварить, очистить от панциря и нарезать ломтиками. Зеленый лук и имбирь нарезать соломкой и перемешать. Выложить креветки на тарелку горкой, посыпать приправой из лука и имбиря, полить соевым соусом, смешанным с маслом, концентратом куриного бульона без специй, рисовой водкой. Соевый соус (25 г) подать отдельно.

КЫРГЫЗСТАН

Салат из черемши

Продукты: 100 г черемши, 3 г соли, уксус по вкусу.

Приготовление: Стебли черемши перебрать, промыть, ошпарить кипятком, откинуть на сито, после чего положить в подсоленную кипящую воду и припустить. Готовые стебли откинуть на сито, охладить, затем положить в салатник, посыпать солью и полить уксусом.

МАЛАЙЗИЯ

Салат «Калимантан»

Продукты: 250 г нашинкованной белокочанной капусты, 130 г зеленой стручковой фасоли, нарезанной на кусочки длиной 2$^1/_2$ см, $^1/_2$ небольшого кочана цветной капусты, разделенного на отдельные соцветия, 130 г нарезанных побегов фасоли, половина огурца, листья кориандра. *Для арахисового соуса:* 1 ст. л. измельченной мякоти кокоса, 120–150 г кипяченой воды, 3 ст. л. арахисового масла, 2 ст. л. соевого соуса, сок половины лимона, немного молотого чили.

Приготовление: Положить в миску мякоть кокоса, залить кипятком, оставить на 15 минут. Вскипятить большую кастрюлю воды, положить капусту, фасоль и цветную капусту. Варить на слабом огне 2—3 минуты. Слить воду, выложить овощи на блюдо или на 4 отдельные тарелки. Положить сверху стручки фасоли. Почистить огурец, тонко нарезать его и украсить ломтиками блюдо. Процедить кокосовое молоко, удалить мякоть, добавить остальные ингредиенты для соуса, хорошо перемешать. Положить в центр блюда или подавать отдельно. Украсить салат листьями кориандра.

ТУРЦИЯ

Морковная халва

Продукты: 700 г моркови, натертой на крупной терке, 3 стакана молока, 8 толченых стручков зеленого кардамона, $1/4$ стакана растительного масла, $1/4$ стакана нерафинированного сахара, 2 ст. л. изюма без косточек, $1/2$ стакана очищенных и крупно нарубленных фисташек, 1 стакан сметаны.

Приготовление: Положить морковь, молоко и стручки кардамона в кастрюлю с толстым дном и довести до кипения на сильном огне. Убавить огонь до среднего и тушить, не накрывая, 50 минут, периодически помешивая, пока жидкость не выпарится. Нагреть масло в глубокой сковороде, добавить морковную смесь и жарить, периодически помешивая, 10—15 минут, пока смесь не приобретет насыщенный красный цвет. Добавить сахар, изюм, половину фисташек и перемешать. Держать на огне еще 1—2 минуты, чтобы смесь хорошо прогрелась. Подавать теплой, полив сметаной и посыпав оставшимися фисташками.

Салат «Вторая молодость»

Продукты: 100 г огурцов, 100 г помидоров, 15 г уксуса, 5 г подсолнечного масла, соль, перец и зелень кинзы по вкусу.

Приготовление: Помидоры и очищенные от кожицы огурцы нарезать тонкими кружочками, уложить в салатник, посыпать солью и перцем. Полить салат уксусом, смешанным с подсолнечным маслом, и посыпать кинзой.

Салат «Маленькая радость»

Продукты: 500 г белокочанной капусты, 40 г зеленого лука, 15 г чеснока,

45 г соевого соуса, 25 г растительного масла, 2 г красного молотого перца, 3 г подсоленного кунжута.

Приготовление: Капусту нарезать на полоски длиной 5—6 см, лук — косыми частями, чеснок измельчить. Часть лука слегка обжарить на масле, затем добавить капусту и продолжать жарить на сильном огне. Когда капуста будет наполовину готова, добавить соевый соус и тушить. Когда капуста будет почти готова, положить оставшийся лук, чеснок, молотый красный перец, все перемешать и посыпать кунжутом.

УЗБЕКИСТАН

Острый салат из редьки по-ташкентски

Продукты: 600 г зеленой редьки, 15 г столового уксуса, 1 ст. л. растительного масла, красный молотый перец, соль, 3 крупных зубчика чеснока, черный молотый перец.

Приготовление: Редьку натереть на крупной терке, сбрызнуть уксусом, посолить, добавить красный и черный молотый перец, толченый чеснок и, залив кипящим растительным маслом, перемешать.

ЯПОНИЯ

Салат «Котомка монаха»

Продукты: 130 г стручков зеленого гороха, 200 г длинного риса.

Для японской приправы: 2 ст. л. рисового уксуса, 1 ст. л. светлого кунжутного масла, 1 ч. л. темного кунжутного масла, 4 ч. л. соевого соуса, 4 нарезанных перышка зеленого лука.

АМЕРИКА

СЕВЕРНАЯ АМЕРИКА

МЕКСИКА

Салат «Веселый краб»

Продукты: 125 г крабового мяса (можно из банки), 25 г крабового мяса для украшения, 125 г готового куриного мяса, 3 измельченных стебля зеленого лука, 1 нарезанный маленькими кубиками сельде-

Приготовление: На 30 секунд опустить стручки гороха в кипящую воду, слить, обдать холодной водой, обсушить, положить по кругу на край блюда. Варить рис в кипящей воде 10—12 минут. Слить, промыть холодной водой. Приготовить приправу, перемешать с рисом. Положить рис на блюдо.

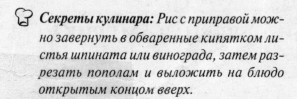 *Секреты кулинара: Рис с приправой можно завернуть в обваренные кипятком листья шпината или винограда, затем разрезать пополам и выложить на блюдо открытым концом вверх.*

рей, $1/4$ стакана нарезанного маленькими кубиками зеленого сладкого перца, $1/4$ стакана нарезанного маленькими кубиками красного сладкого перца, 1 стакан йогурта, 1 ст. л. лимонного сока, $1/2$ ч. л. соли, $1/4$ ч. л. свежемолотого черного перца, 1 ч. л. сахарного песка, 1 ч. л. укропа, 1 ч. л. сладкого базилика, 6 больших авокадо, 6 листьев салата.

Приготовление: Нарезать мясо маленькими кубиками и положить в отдельную посуду. Добавить овощи и перемешать. Смешать йогурт, лимонный сок и специи. Очистить авокадо от кожуры и разрезать их пополам, удалив косточки. Вылить половину соуса на салат и хорошо перемешать. Выложить салат в авокадо. Уложить листья салата на охлажденные тарелки. На каждый лист положить авокадо и полить сверху небольшим количеством соуса. Украсить очень мелко порезанным мясом крабов.

Салат «Особый» из авокадо

Продукты: 4 зрелых плода авокадо, 2 чашки листьев водяного кресса, 1 ч. л. лимонного сока, 1 ч. л. апельсинового сока, 1 ч. л. сока лайма, 1 ч. л. грейпфрутового сока, 1 ч. л. ананасового сока, 1 ч. л. ледяной стружки.

Приготовление: Разрезать пополам авокадо, вынуть косточку и наполнить углубление листьями водяного кресса. Процедить все соки через двойной слой марли, вылить в пульверизатор с ледяной стружкой и встряхивать его, пока лед полностью не растает. Подать авокадо на листьях настурции и перед самой подачей обильно обрызгать из пульверизатора водяной кресс.

Дынный салат

Продукты: 2 ст. л. винного уксуса, настоянного на эстрагоне, 6 ст. л. оливкового масла, $1/4$ ч. л. соли, $1/8$ ч. л. свежемолотого чёрного перца, $1/4$ чашки желе из красной смородины, 3 головки черешкового сельдерея, 1 небольшая зрелая дыня, 1 ст. л. рубленого шнит-лука, $1/2$ ч. л. маковых зерен, $1/2$ ч. л. семян кориандра.

Приготовление: Смешать уксус, оливковое масло, подогретое смородиновое желе, добавить соль и перец. Вымыть, обсушить и тонко нарезать сельдерей. Очистить дыню от кожуры и семян и нарезать мякоть кубиками размером примерно 1 см. Выложить сельдерей и дыню в салатницу, залить заправкой и перемешать, чтобы заправка хорошо пропитала салат. Сверху посыпать шнит-луком, маковыми зернами, семенами кориандра и еще раз осторожно перемешать.

КАНАДА

Салат «Мятный омар» из Новой Шотландии

Продукты: 4 стакана рыбного бульона или бульона из овощей, 680 г омара, $1/3$ стакана оливкового масла, 1 измельченный зубчик чеснока, 2 стакана лимонного сока, 2 ч. л. свежерубленой мяты, $1/4$ ч. л. соли, $1/8$ ч. л. (щепотка) перца, 1 большой кочан салата, 1 авокадо, 50 г орехов, листья мяты для украшения.

Приготовление: Довести рыбный бульон до кипения. Варить омаров в кипящем бульоне еще 3 минуты после того, как они всплывут на поверхность. Остудить. Разрезать омаров пополам и достать мясо из хвоста и клешней. Сохранить панцирь. Разрезать мясо на маленькие кусочки и положить в отдельную посуду. Смешать оливковое масло, лимонный сок и специи. Полить этим соусом мясо омара.

Орехи измельчить ножом, авокадо натереть на крупной терке, смешать. Листья салата выложить в тарелку, сверху — мясо омара в соусе, на него — смесь орехов с авокадо. Украсить листочками зеленой мяты.

Салат из свеклы

Продукты: 500 г сырой свеклы, $1/2$ чашки винного уксуса, настоянного на эстрагоне, $1/2$ пучка водяного кресса, свежемолотый черный перец.

Приготовление: Отварить неочищенную свеклу в подсоленной воде. Вынуть, остудить под струей холодной проточной воды, очистить, нарезать тонкой соломкой, положить в миску с винным уксусом и убрать в холодильник примерно на 1 час. Затем откинуть на дуршлаг и дать хорошенько стечь. Выстелить блюдо промытым водяным крессом, сверху положить свеклу и посыпать черным перцем.

> 👨‍🍳 *Секреты кулинара: Свеклу можно смешать с чашкой сметаны. Правда, канадские хозяйки так не делают — в Канаде этого продукта просто нет.*

США

Салат «Вино из одуванчиков»

Продукты: Листья одуванчика, водяной кресс, мангольд (листовая свекла), листовая капуста (все в равных пропорциях), 1 чашка жирных сливок, 1 ст. л. томатного пюре, 2 средних зрелых помидора, 1 ст. л. мелко нарубленного шнит-лука.

Приготовление: Вымыть зелень в холодной воде и обсушить на чистой ткани или полотенце. Порвать зелень руками на маленькие кусочки и выложить их в салатницу. Смешать сливки с томатным пюре и хорошенько взбить до однородной консистенции. Полученной заправкой полить зелень, аккуратно перемешать салат, украсить крупно нарезанными ломтиками помидоров и посыпать шнит-луком.

Секреты кулинара: Возможно, многим покажется более привычным использование не сливок, а сметаны.

Ореховый салат по-чикагски

Продукты: 3 зубчика чеснока, 10 грецких орехов, очищенных и обжаренных, 1 ч. л. сухой горчицы, $1/2$ ч. л. кайенского перца, 1 ст. л. мелко нарезанного шнит-лука, 1 ч. л. соли, 1 чашка оливкового масла, $1/4$ чашки винного уксуса, настоянного на эстрагоне, $1/4$ чашки сухого красного вина, 2–3 стебля сельдерея, нарезанных по диагонали, 1 пучок салата, 1 маленький пучок водяного кресса, $1/2$ чашки морковной стружки, 2 маленькие вареные свеклы, натертые на терке.

Приготовление: Для приготовления заправки загрузить чеснок, орехи, горчицу, перец, лук, масло, уксус, вино и соль в электромиксер и хорошо мешать на малой скорости в течение 20–30 секунд. Если вы предпочитаете менее однородный соус, то нужно растолочь чеснок и грецкие орехи отдельно пестиком в ступке, добавив несколько капель оливкового масла, чтобы все лучше смешалось, затем всыпать сухую горчицу, кайенский перец, шнит-лук, соль и остальное оливковое масло. Взбить, а затем ввести уксус и вино, после чего тщательно перемешать. Разорвать руками зелень на куски, добавить водяной кресс, сельдерей и морковь, полить заправкой, слегка перемешать и посыпать сверху тертой свеклой.

Салат «Вашингтонский гурман»

Продукты: Ростки (побеги) горчицы, салат, щавель (или шпинат), ростки (побеги) водяного кресса, 1 чашка гренок, 1 чашка оливкового масла, сок 3 лимонов, 1 ч. л. соли, $1^1/_2$ ч. л. свежемолотого черного перца, 1 ч. л. лукового сока, 2 яйца, сваренных вкрутую.

Приготовление: Тщательно промыть зелень и обсушить ее на чистом полотенце. Разорвать зелень на маленькие кусочки, поместить в большую салатницу и поставить в холодильник на время, пока вы готовите гренки и заправку. Смешать оливковое масло, лимонный сок, соль, перец и луковый сок. Полить этой смесью зелень и слегка перемешать. Очень мелко покрошить яйца и посыпать ими и гренками зелень. Перемешать салат легкими движениями салатной ложки и вилки и подать.

Секреты кулинара: Для приготовления гренок нарезать черствый хлеб на маленькие кубики и обжарить их до золотистого цвета в оливковом масле, добавив мелко нарезанный чеснок.

Салат «Свит Мэри»

Продукты: 4 банана, 1 небольшая дыня, 2 ст. л. меда, 2 ст. л. лимонного сока, 2 ст. л. майонеза или сметаны, 2 ст. л. толченых грецких орехов.

Приготовление: Бананы вымыть и очистить от кожуры. Мякоть бананов нарезать кружочками толщиной 1,5–2 см. Дыню вымыть, разрезать на половинки и очистить разрезанные половинки сначала внутри от семечек, а затем снаружи от кожуры. Разделить очищенные половинки на продольные ломтики, а затем разрезать эти ломтики на небольшие кубики. В небольшой емкости соединить мед, лимонный сок, майонез и тщательно их перемешать до получения однородного соуса. Уложить в салатницу кружочки бананов и кубики дыни, аккуратно перемешать и заправить приготовленным соусом. Перед подачей на стол посыпать салат толчеными орехами.

ЦЕНТРАЛЬНАЯ И ЮЖНАЯ АМЕРИКА

АРГЕНТИНА

Авокадо с орехами и кресс-салатом

Продукты: 2 зрелых плода авокадо, $1/2$ чашки ядрышек черного грецкого ореха, сок 1 лимона, $1/4$ пучка молодого водяного кресса.

Приготовление: Незадолго до подачи на стол очистить авокадо и нарезать кубиками размером около 1 см, смешать их с грецкими орехами и полить лимонным соком. Выложить вымытые, обсушенные и охлажденные листья водяного кресса на салатные тарелки. Сверху положить готовый салат.

БРАЗИЛИЯ

Ананасовый салат

Продукты: 75 г свежего ананаса, 75 г салатного сельдерея, 15 г зеленого салата, 20 г вареной свеклы, 15 г 3%-ного уксуса, 20 г растительного масла, 20 г сахарной пудры, перец, соль.

Приготовление: Сельдерей (ботву, корень) и ананас нарезать соломкой. Заправить уксусом, растительным маслом, солью, перцем и сахарной пудрой. При подаче положить в салатник на листья зеленого салата и гарнировать ломтиками вареной свеклы.

Салат «Ундина»

Продукты: 2 крупных спелых плода авокадо, 1 ст. л. очень мелко нарезанного репчатого лука, 1 ст. л. очень мелко нарезанной свежей петрушки, $1/2$ ч. л. сухой горчицы, 6 ст. л. сухого белого вина, 3 чашки отварного мяса омара или креветок, $1^1/_2$ ч. л. томатной пасты, $3/_4$ чашки домашнего майонеза, 3 стручка перца паприка, листья салата.

Приготовление: Очистить авокадо, разрезать вдоль пополам и нарезать очень тонкими ломтиками. Положить в миску или кастрюлю из нержавеющей стали, добавить репчатый лук, петрушку, сухую горчицу и вино. Поставить в холодильник на 30 минут или 1 час. Смешать томатную пасту с 4 столовыми ложками майонеза. Разложить чистые листы салата на четыре салатных блюда, положить в центр столовую ложку майонеза, сверху на листья — ломтики авокадо. Смешать оставшийся майонез с мясом омара или креветок и выложить на авокадо. Нарезать тонко стручки перца, выложить сверху на мясо омара и посыпать паприкой.

ВЕНЕСУЭЛА

Гвианский салат из авокадо

Продукты: 2 авокадо, 1 помидор, 1 небольшая головка репчатого лука, 1 сваренное вкрутую яйцо, 1 ст. л. лимонного сока, 2 ст. л. майонеза, лист салата, соль, перец.

Приготовление: Авокадо почистить и размять вилкой. Помидор, лук и яйцо мелко нарезать и смешать с авокадо. Добавить майонез, лимонный сок, соль, перец и все хорошо перемешать. Полученную массу выложить в салатницу и украсить мелко нарезанным листом салата.

КОЛУМБИЯ

Сытный салат из зеленой фасоли «Семейный ужин»

Продукты: 450 г зеленой фасоли, 1 большая головка испанского лука, 4 больших помидора, $1/2$ стакана оливкового масла, 4 ст. л. лаймового сока, 1 ст. л. свежего орегано (или 1 ч. л. сухого), 1 ч. л. измельченного черного перца, 1 ч. л. соли, 2 сваренных вкрутую яйца.

Приготовление: Очистить фасоль и бланшировать ее в кипящей соленой воде 5 минут. Остудить в холодной воде. Хорошо просушить. Нарезать луковицу кольцами и положить в отдельную посуду. Добавить фасоль. Разрезать помидоры на четвертинки и добавить к фасоли. Смешать растительное масло, сок лайма, специи и полить полученной смесью салат. Выдержать 15 минут. Натереть яйца на терке и перед подачей на стол посыпать ими салат.

«Быстрый» салат

Продукты: 1 спелый авокадо, 1 ст. л. майонеза, 1 ст. л. кетчупа.

Приготовление: Очистить авокадо от шкурки, удалить косточки. Размять плод до получения однородной массы. Добавить майонез, кетчуп. Посолить по вкусу, перемешать. Выложить в салатник. Для сохранения вкуса и цвета салата положить в него косточки плода.

КУБА

Салат «Песчаный берег»

Продукты: 300 г свежих помидоров, 200 г зерен сладкой кукурузы, по 100 г яблок и груш, 1 головка репчатого лука, винный уксус (по вкусу), оливковое масло (по вкусу), соль, перец, по 50 г миндальных и грецких орехов, лимон (по вкусу), 50 г сыра пармезан или другого твердого сыра.

Приготовление: Помидоры порезать кубиками, добавить зерна кукурузы, яблоки и груши порезать кубиками. Винный уксус, кольца лука (обработанные в микроволновой печи в течение 3 минут), оливковое масло, соль, перец, раздробленные миндальные и грецкие орехи, лимон смешать, выложить в салатник, добавить помидоры и кукурузу. Украсить яблоками и грушами. Салат посыпать натертым сыром пармезан.

НИКАРАГУА

Салат из креветок «Далекий порт»

Продукты: 1 кг очищенных креветок, 1 ч. л. гранул чеснока, 2 ч. л. черного перца, $1/2$ ч. л. кайенского перца, $1/2$ ч. л. листьев чабреца, $1/2$ ч. л. измельченного розмарина, $1/2$ ч. л. листьев базилика, $1/2$ ч. л. лукового порошка, $1/2$ ч. л. соли, 2 ст. л. оливкового масла, 1 нарезанная кубиками головка репчатого лука, 2 измельченных зубчика чеснока, 1 ст. л. измельченного имбиря, 4 очищенных от семян и обжаренных больших помидора, 2 измельченных мексиканских стручковых перца чили, $3/4$ стакана (190 мл) кокосового молока, 2 стакана нарезанной кубиками папайи, 1 стакан нарезанного кубиками ананаса.

Приготовление: Надеть креветки на шампурики. Смешать чеснок, перец и другие специи и посыпать ими креветки. В сковороде разогреть масло. Положить лук, чеснок и имбирь. Обжаривать на сильном огне при постоянном помешивании до тех пор, пока лук не станет полупрозрачным. Добавить помидоры, чили, кокосовое молоко, папайю и ананас. Уменьшить огонь и тушить, пока не загустеет. Переложить в кухонный комбайн и сделать пюре. Обжаривать креветки на открытом огне 2,5—3 минуты с каждой стороны. Снять с шампуриков, заправить получившимся соусом. Подавать как в горячем, так и в холодном виде.

Секреты кулинара: Набор специй и ингредиентов для соуса вы можете придумать сами, используя те, которые имеются у вас под рукой. Главное, чтобы они гармонировали с морепродуктами. А если вы хотите при этом сохранить национальный колорит блюда, позаботьтесь, чтобы оно было достаточно острым и ароматным.

Салат из папайи «Поцелуй красотки»

Продукты: 1 плод папайи, 2 плода киви, 4 красивых листа зеленого салата, 150 г отварных или консервированных креветок, 2 ст. л. сметаны, 2 ст. л. сливок, 1 ч. л. томатной пасты, $1/2$ ч. л. горчицы, 1 ст. л. лимонного сока, щепотка молотого красного горького перца, щепотка молотого черного перца, соль.

Приготовление: Соединить в одной емкости сметану, сливки, томатную пасту, горчицу и тщательно перемешать до образования однородной массы. Приправить смесь лимонным соком, солью, перцем и еще раз хорошо перемешать. Готовый соус перелить в соусник и отставить. Плод папайи вымыть, очистить от кожуры, разрезать пополам и удалить зерна. Очищенную мякоть нарезать длинными ломтями. Плоды киви вымыть, очистить, сняв острым ножом тонкий (насколько это только возможно) слой кожуры, и разрезать каждый очищенный плод на 4 части. Листья зеленого салата вымыть, обсушить и разложить по одному листу на каждую порционную тарелку. Сверху на лист зеленого салата уложить ломти плода папайи, 2 четвертинки плода киви и горку очищенных отварных или консервированных креветок. Перед подачей на стол полить составные части салата приготовленным соусом.

ПАНАМА

Грибной салат

Продукты: 1 кочан салата, 1 пучок зеленого лука, 3 стебля сельдерея, 4 больших редиса, 1 красный сладкий перец, 1 маленький огурец, $1/2$ стакана очищенных и нарезанных грибов, $1 1/2$ соцветий брокколи,

1$^1/_2$ стакана соцветий цветной капусты, 24 помидора черри, 1$^1/_2$ стакана оливкового масла, 1 измельченный зубчик чеснока, 3 ст. л. измельченного лука, 2 ст. л. измельченной красной испанской паприки, 2 ст. л. сахара, 1 ч. л. соли, 1 ч. л. сухой паприки, $^1/_2$ ч. л. листьев чабреца, $^1/_2$ ч. л. листьев базилика, $^1/_2$ ч. л. листьев майорана, $^1/_4$ стакана лимонного соуса, $^1/_4$ стакана белого уксуса.

Приготовление: Помыть и порезать салат на маленькие кусочки. Положить в большое сервировочное блюдо. Порезать большими кубиками лук, сельдерей, редис, перец, грибы, огурец. Положить в салат, посолить. Добавить остальные продукты. Заправить оливковым маслом.

ПЕРУ

Салат из авокадо с овощами

Продукты: 2 плода авокадо, 4 небольшие картофелины, 1 небольшой свежий огурец, 1 морковь, 3 ст. л. консервированного зеленого горошка, 2 ст. л. лимонного сока, 1 ст. л. мелко нарезанной зелени сельдерея, 1 ст. л. мелко нарезанной зелени петрушки, 1 ст. л. майонеза, 1 ч. л. сахара, щепотка соли.

Приготовление: Картофель и морковь отварить. Плоды авокадо разрезать вдоль на половинки, удалить косточки, а затем, срезав кожуру, нарезать тонкими ломтиками. Отваренные картофель и морковь, а также свежий огурец очистить от кожуры и порезать мелкими кубиками. Смешать в салатнице ломтики авокадо и кубики картофеля, моркови и огурца, добавить к ним консервированный зеленый горошек и зелень петрушки и сельдерея. Все тщательно перемешать. Перед подачей на стол заправить майонезом и лимонным соком, добавить соль, сверху посыпать сахаром.

ЧИЛИ

Горячий картофельный салат

Продукты: 8 больших картофелин, 115 г бекона, 1 ст. л. растительного масла, 2 ст. л. уксуса, 3 измельченных пера зеленого лука, 5 штук нарезанного кубиками редиса, 2 нарезанных кубиками стебля сельдерея, 1 стакан майонеза, 1 ст. л. горчицы, 3 сваренных рубленых яйца, 1 ч. л. соли, $1/2$ ч. л. белого перца, 2 обжаренных, очищенных от кожуры и нарезанных кубиками красных сладких перца.

Приготовление: Очистить и нарезать кубиками картофель. Положить в кастрюлю с водой и варить, пока не станет мягким. Слить воду и остудить. Нарезать кубиками бекон и обжарить до хрустящей корочки. Достать из сковороды и отложить. Положить картофель в большое блюдо. Сбрызнуть оливковым маслом и уксусом. Добавить лук, чеснок и сельдерей. В небольшой посуде смешать майонез, горчицу, яйца, соль и перец. Положить половину смеси и бекона в картофель. Переложить в форму для выпечки. Сверху выложить остаток смеси. Запекать в духовке до золотисто-коричневого цвета. Украсить красным перцем и подавать на стол.

АФРИКА

ГАНА

Салат «Сильное племя»

Продукты: 1 кг огурцов, 5 стручков зеленого и красного сладкого перца, 2 сваренных вкрутую яйца, оливковое масло, 1 лимон, соль.

Приготовление: Очистить огурцы, разрезать их по длине, удалить семена, нарезать тонкими дольками в дуршлаг, посыпать солью, перемешать и дать стекать 12 часов.

Перец вымыть, разрезать, удалить семена, затем мелко нарезать. Смешать огурцы и перец, полить оливковым маслом и лимонным соком, дать настояться 2 часа. Положить на блюдо и украсить ломтиками яиц.

Салат «Секрет Аккры»

Продукты: 10 г чеснока, 30 г грецких орехов, 30 г хлеба, 10 г растительного масла, 3 г лимонного сока, 5 маслин, соль.

Приготовление: Чеснок растереть с солью, добавить ядра орехов и снова растереть. Замоченный в воде хлеб отжать и смешать с чесноком и орехами. Эту массу вымесить деревянной ложкой до образования пюре, постепенно подливая растительное масло. Приправив лимонным соком, икру уложить на тарелку, разровнять ножом и украсить маслинами.

ЕГИПЕТ

Салат «Тутанхамон»

Продукты: 3 длинных крупных редиса, 2 ст. л. лимонного сока, 1 ст. л. сахара, 1 апельсин, 1 ст. л. воды флердоранж, соль.

Приготовление: Вымыть редис и положить на 1 час в воду, которую время от времени менять. Вынуть редис и дать воде стечь. Натереть редис на мелкой терке и смешать с лимонным соком, водой флердоранж и солью. Добавить апельсин, нарезанный кружочками.

Салат «Александрийский»

Продукты: 500 г сладкого перца, 1 кофейная ложка тмина, 1 кофейная ложка аджики, 3 ст. л. лимонного сока, 2 ст. л. оливкового масла, 1 ст. л. растительного масла, пучок

...лить, посыпать молотым красным ...ем, тмином, зеленью петрушки, по... уксусом и растительным маслом. ...куратно перемешать. Подавать охлаж...ным.

ЛИВИЯ

Салат «Деревенский мотив»

Продукты: 3–4 баклажана, 1 ст. л. растительного масла, 1 кофейная ложка молотого сладкого красного перца, 1 зубчик чеснока, 1 кофейная ложка молотого тмина (по желанию), 2 ст. л. уксуса или 1 лимон (по желанию).

Приготовление: Вымытые баклажаны, не очищая, если кожица не грубая, мелко нарезать, залить водой с солью, растительным маслом, молотым красным перцем и толченым чесноком и варить на

мелко нарезанной зелени петрушки, соль.

Приготовление: Пожарить стручковый перец, очистить от кожицы, нарезать мелкими кусочками, посолить, добавить тмин, лимонный сок, растительное и оливковое масло, зелень петрушки и аджику. Хорошо перемешать. Подавать холодным.

Салат «Вечерний Каир»

Продукты: 200 г сыра фета или брынзы, 3 ст. л. оливкового масла, сок $1/2$ лимона, 1 очищенный от семян и мелко порезанный огурец, 1 измельченная головка красного лука, 2 ст. л. порезанной свежей мяты, 2 ст. л. порезанного свежего укропа, 2 ст. л. порезанной свежей петрушки.

Приготовление: Раскрошить фету в миску, размять вилкой с маслом и лимонным соком, приправить черным перцем. Перемешать с огурцом, луком и травами. Для придания нежного пряного вкуса посыпьте $1/2$ чайной ложки молотой зиры или 1 чайную ложку мелко порезанного и очищенного от семян красного перца чили. Вместо феты можно использовать козий сыр.

Секреты кулинара: Салат можно приготовить за 3 часа до подачи на стол, но добавлять масло, лимонный сок и лук необходимо непосредственно перед тем, как подавать.

КЕНИЯ

Салат «Будем здоровы»

Продукты: 500 г сладкого перца, 1 стручок острого перца, 3 больших помидора, оливковое масло, соль.

Приготовление: По… перец и помидоры, очи… цы, удалить семена. За… с помощью вилки, посо… оливковым маслом.

КОНГО

Салат «Красавица»

Продукты: 500 г моркови, 1 з… чеснока, 1 кофейная ложка мол… го сладкого красного перца, 1… фейная ложка (без верха) тми… 2 ст. л. уксуса, горсть мелко на… занной зелени петрушки, 1 ст. л… стительного масла, соль.

Приготовление: Очистить мор… резать кружочками или соломко… случае удалить сердцевину) и с… подсоленной воде с зубчиком … Готовую морковь откинуть на …

среднем огне, время от времени помешивая, до полного испарения воды. Полученную смесь можно при желании сдобрить тмином и лимонным соком. Этот салат по желанию едят горячим, теплым или охлажденным.

МАВРИТАНИЯ

Салат «Огуречный»

Продукты: 5 огурцов, 100 г жирных сливок, соль, специи по вкусу.

Приготовление: Очистить огурцы, нарезать тонкими кружочками, посыпать солью и дать стечь соку в течение 20 минут. Затем вымыть, обсушить, положить в салатницу, посыпать специями, покрыть взбитыми сливками и поставить в прохладное место на 2 часа.

МАЛИ

Салат «Бамбара»

Продукты: 500 г моркови, 100 г растительного масла, 100 г брынзы или творога, 25 г зеленых маслин, 25 г черных маслин, $1/2$ головки чеснока, 1 ст. л. аджики, 2 ст. л. уксуса, $1/2$ кофейной ложки тмина, соль.

Приготовление: Морковь очистить, отварить в воде и растолочь в пюре. Развести аджику небольшим количеством воды. Очистить и растолочь чеснок. Размолоть тмин. Все это добавить в морковное пюре. Посолить по вкусу. Полить уксусом и оливковым маслом. Украсить маслинами и нарезанной палочками брынзой.

> *Секреты кулинара: Овощи варят в подсоленной воде, чтобы придать им лучший вкус и сохранить в них больше питательных веществ. Чем крупнее овощи, тем меньше веществ они теряют при варке.*

МАРОККО

Салат «Шерги»

Продукты: По 1 пучку редиса, зелени петрушки и зеленого лука, 2 кочанных салата, 10 зеленых оливок, 10 черных маслин, 2 зеленых стручка сладкого перца, 2 красных стручка сладкого перца, 2 огурца, 3 лимона, 2 апельсина, 300 г риса, 2 ст. л. растительного масла, щепоть молотой корицы, черный перец, соль.

Приготовление: Рис отварить, выложить на большое блюдо, смешать с очищенными дольками одного лимона, посолить. Туда же поместить смесь из мелко нарезанных петрушки, лука и двух лимонов, крупные дольки очищенных апельсинов, посыпать их слегка молотой корицей. Рядом положить нарезанный кочанный салат, слегка посоленный, сильно поперченный и сбрызнутый растительным маслом, зеленые и черные маслины. Черный перец, нарезанные кружочками зеленый и красный стручковый перец, огурцы. Подать к салату растительное масло, соль и черный перец.

НИГЕРИЯ

Салат «Сила жизни»

Продукты: 1 большой пучок петрушки, 1 головка репчатого лука, 1 лимон, соль.

Приготовление: Петрушку и лук мелко порубить и смешать с нарезанной кубиками мякотью лимона. Посолить и осторожно перемешать. Салат готов.

ТАНЗАНИЯ

Салат «Солнечное утро»

Продукты: 2 пучка листового салата или 2 кочанных салата, 4 апельсина, 2 ст. л. лимонного сока, 1 ст. л. сахарной пудры, 6 ст. л. растительного масла, 1 ст. л. воды флердоранж, черный молотый перец, соль.

Приготовление: Очистить 3 апельсина, из долек аккуратно вынуть косточки и разрезать каждую дольку на две части. Салат хорошо промыть и обсушить. Красиво уложить листья салата в салатнице, в центр положить дольки апельсина. Смешать в миске соль, черный перец, лимонный сок, сахарную пудру, сок четвертого апельсина, растительное масло и воду флердоранж и полить салат. Охладить его. Все перемешивается только во время подачи.

ТУНИС

Салат «Сфакский»

Продукты: 200 г лука, 350 г кислых яблок, 200 г сладкого перца, 300 г помидоров, 350 г огурцов, 1 лимон, молотая сушеная мята, растительное масло, соль.

Приготовление: Очищенные лук, яблоки, перец, огурцы нарезать кубиками (толщиной 5 мм). Все смешать, полить лимонным соком, растительным маслом и посыпать мятой.

Салат «Чакчука»

Продукты: 4 яйца, 2 луковицы, 2 дольки измельченного чеснока, 2 ст. л. растительного масла, 500 г помидоров, 2 стручка сладкого перца, $1/2$ ч. л. соли, перец, рубленая зелень (петрушка, мята, укроп, шалфей, розмарин, базилик).

Приготовление: Разогреть масло и обжарить мелко нарубленные лук и чеснок. Туда же добавить мелко нарубленные стручки перца, очищенные и нарезанные дольками помидоры. Приправить солью, перцем и тушить 20—30 минут. Из яиц приготовить яичницу и выложить на готовое блюдо. Сверху посыпать свежей зеленью и подавать на стол.

Салат «Мешуийя»

Продукты: 500 г сладкого стручкового перца, соль, 1 лимон, 50 г растительного масла, черные маслины.

Приготовление: Испечь в духовом шкафу или на древесных углях стручковый перец, снять кожицу, удалить семена, нарезать ленточками и посолить. Уложить в салатницу, полить лимонным соком и растительным маслом. Украсить черными маслинами.

УГАНДА

Салат «Дух воина»

Продукты: 500 г зеленой фасоли, 3 ст. л. оливкового масла, 2 ст. л. уксуса, 2 яйца, 100 г черных маслин, $1/2$ кофейной ложки черного перца, соль.

Приготовление: Очистить фасоль, помыть и разрезать каждый стручок надвое. Сварить в кипящей воде, откинуть на дуршлаг и переложить в салатницу. Посолить, поперчить, полить маслом и уксусом. Украсить маслинами и дольками яиц, сваренных вкрутую.

ЭФИОПИЯ

Салат «Свежесть»

Продукты: 1 кочан салата, 100 г зеленых оливок, 100 г черных маслин, 1 помидор, 1 головка репчатого лука, 3 ст. л. оливкового масла, пучок зелени петрушки, щепоть молотого розмарина, 2 щепотки белого (или душистого) перца, соль.

Приготовление: Тщательно вымыть листочки салата, дать ему обсохнуть и нарезать маленькими кусочками. Добавить маслины и оливки, мелко нарезанные помидоры и зелень петрушки, нарезанный ломтиками лук, посолить, посыпать розмарином и перцем, полить оливковым маслом. Перед подачей перемешать.

Секреты кулинара: Увядшие листья салата можно освежить, подержав их минут 15 в теплой воде. Увядшая зелень укропа, сельдерея и петрушки снова станет свежей, если положить ее на час в воду с уксусом. Петрушка, укроп и мята сохраняются несколько дней свежими в сухую погоду, если их положить в плотно закрытую сухую посуду.

Салат из помидоров

Продукты: 600 г помидоров, 300 г орехов, 120 г репчатого лука, красный молотый перец, соль.

Приготовление: Очистить помидоры от кожицы, удалить семена, мелко нарезать мякоть. Смешать мякоть с нашинкованным луком, толчеными орехами, солью и перцем. Дать настояться 10 минут.

ЕВРОПА

БЕЛОРУССИЯ

Салат «Особый»

Продукты: 4 отварные картофелины, 4 отварные моркови, 4 отварные свеклы, 1 маринованный огурец, 1 маленькая головка репчатого лука, вареные яйца для украшения, соль, перец.

Для заправки: 1 л сливок, 1 ч. л. уксуса (10%), 1 ч. л. сахара, вода, в которой варилась свекла.

Приготовление: Отварить овощи в мундире до мягкости. Очистить от кожуры вареные овощи и лук, затем нарезать их на маленькие равные кусочки. Перемешать и приправить солью и перцем. Взбить сливки, приправить сахаром и уксусом и добавить несколько капель жидкости, в которой варилась свекла (для цвета). Подавать заправку отдельно. Украсить салат вареными яйцами: разделить желтки и белки и мелко нарезать. Посыпать желтыми и белыми полосками сверху.

БОЛГАРИЯ

Салат «Южный»

Продукты: 250 г болгарского сладкого стручкового перца, 250 г помидоров, 1 головка репчатого лука средней величины, 1 ст. л. мелко нарубленной зелени петрушки,

ЕВРОПА

БЕЛОРУССИЯ

Салат «Особый»

Продукты: 4 отварные картофелины, 4 отварные моркови, 4 отварные свеклы, 1 маринованный огурец, 1 маленькая головка репчатого лука, вареные яйца для украшения, соль, перец.

Для заправки: 1 л сливок, 1 ч. л. уксуса (10%), 1 ч. л. сахара, вода, в которой варилась свекла.

Приготовление: Отварить овощи в мундире до мягкости. Очистить от кожуры вареные овощи и лук, затем нарезать их на маленькие равные кусочки. Перемешать и приправить солью и перцем. Взбить сливки, приправить сахаром и уксусом и добавить несколько капель жидкости, в которой варилась свекла (для цвета). Подавать заправку отдельно. Украсить салат вареными яйцами: разделить желтки и белки и мелко нарезать. Посыпать желтыми и белыми полосками сверху.

БОЛГАРИЯ

Салат «Южный»

Продукты: 250 г болгарского сладкого стручкового перца, 250 г помидоров, 1 головка репчатого лука средней величины, 1 ст. л. мелко нарубленной зелени петрушки, это только возможно) слой кожуры, и разрезать каждый очищенный плод на 4 части. Листья зеленого салата вымыть, обсушить и разложить по одному листу на каждую порционную тарелку. Сверху на лист зеленого салата уложить ломти плода папайи, 2 четвертинки плода киви и горку очищенных отварных или консервированных креветок. Перед подачей на стол полить составные части салата приготовленным соусом.

ПАНАМА

Грибной салат

Продукты: 1 кочан салата, 1 пучок зеленого лука, 3 стебля сельдерея, 4 больших редиса, 1 красный сладкий перец, 1 маленький огурец, $1/2$ стакана очищенных и нарезанных грибов, $1^1/_2$ соцветий брокколи,

$1^1/_2$ стакана соцветий цветной капусты, 24 помидора черри, $1^1/_2$ стакана оливкового масла, 1 измельченный зубчик чеснока, 3 ст. л. измельченного лука, 2 ст. л. измельченной красной испанской паприки, 2 ст. л. сахара, 1 ч. л. соли, 1 ч. л. сухой паприки, $^1/_2$ ч. л. листьев чабреца, $^1/_2$ ч. л. листьев базилика, $^1/_2$ ч. л. листьев майорана, $^1/_4$ стакана лимонного соуса, $^1/_4$ стакана белого уксуса.

Приготовление: Помыть и порезать салат на маленькие кусочки. Положить в большое сервировочное блюдо. Порезать большими кубиками лук, сельдерей, редис, перец, грибы, огурец. Положить в салат, посолить. Добавить остальные продукты. Заправить оливковым маслом.

ПЕРУ

Салат из авокадо с овощами

Продукты: 2 плода авокадо, 4 небольшие картофелины, 1 небольшой свежий огурец, 1 морковь, 3 ст. л. консервированного зеленого горошка, 2 ст. л. лимонного сока, 1 ст. л. мелко нарезанной зелени сельдерея, 1 ст. л. мелко нарезанной зелени петрушки, 1 ст. л. майонеза, 1 ч. л. сахара, щепотка соли.

Приготовление: Картофель и морковь отварить. Плоды авокадо разрезать вдоль на половинки, удалить косточки, а затем, срезав кожуру, нарезать тонкими ломтиками. Отваренные картофель и морковь, а также свежий огурец очистить от кожуры и порезать мелкими кубиками. Смешать в салатнице ломтики авокадо и кубики картофеля, моркови и огурца, добавить к ним консервированный зеленый горошек и зелень петрушки и сельдерея. Все тщательно перемешать. Перед подачей на стол заправить майонезом и лимонным соком, добавить соль, сверху посыпать сахаром.

ЧИЛИ

Горячий картофельный салат

Продукты: 8 больших картофелин, 115 г бекона, 1 ст. л. растительного масла, 2 ст. л. уксуса, 3 измельченных пера зеленого лука, 5 штук нарезанного кубиками редиса, 2 нарезанных кубиками стебля сельдерея, 1 стакан майонеза, 1 ст. л. горчицы, 3 сваренных рубленых яйца, 1 ч. л. соли, $1/2$ ч. л. белого перца, 2 обжаренных, очищенных от кожуры и нарезанных кубиками красных сладких перца.

Приготовление: Очистить и нарезать кубиками картофель. Положить в кастрюлю с водой и варить, пока не станет мягким. Слить воду и остудить. Нарезать кубиками бекон и обжарить до хрустящей корочки. Достать из сковороды и отложить. Положить картофель в большое блюдо. Сбрызнуть оливковым маслом и уксусом. Добавить лук, чеснок и сельдерей. В небольшой посуде смешать майонез, горчицу, яйца, соль и перец. Положить половину смеси и бекона в картофель. Переложить в форму для выпечки. Сверху выложить остаток смеси. Запекать в духовке до золотисто-коричневого цвета. Украсить красным перцем и подавать на стол.

АФРИКА

ГАНА

Салат «Сильное племя»

Продукты: 1 кг огурцов, 5 стручков зеленого и красного сладкого перца, 2 сваренных вкрутую яйца, оливковое масло, 1 лимон, соль.

Приготовление: Очистить огурцы, разрезать их по длине, удалить семена, нарезать тонкими дольками в дуршлаг, посыпать солью, перемешать и дать стекать 12 часов.

Перец вымыть, разрезать, удалить семена, затем мелко нарезать. Смешать огурцы и перец, полить оливковым маслом и лимонным соком, дать настояться 2 часа. Положить на блюдо и украсить ломтиками яиц.

Салат «Секрет Аккры»

Продукты: 10 г чеснока, 30 г грецких орехов, 30 г хлеба, 10 г растительного масла, 3 г лимонного сока, 5 маслин, соль.

Приготовление: Чеснок растереть с солью, добавить ядра орехов и снова растереть. Замоченный в воде хлеб отжать и смешать с чесноком и орехами. Эту массу вымесить деревянной ложкой до образования пюре, постепенно подливая растительное масло. Приправив лимонным соком, икру уложить на тарелку, разровнять ножом и украсить маслинами.

ЕГИПЕТ

Салат «Тутанхамон»

Продукты: 3 длинных крупных редиса, 2 ст. л. лимонного сока, 1 ст. л. сахара, 1 апельсин, 1 ст. л. воды флердоранж, соль.

Приготовление: Вымыть редис и положить на 1 час в воду, которую время от времени менять. Вынуть редис и дать воде стечь. Натереть редис на мелкой терке и смешать с лимонным соком, водой флердоранж и солью. Добавить апельсин, нарезанный кружочками.

Салат «Александрийский»

Продукты: 500 г сладкого перца, 1 кофейная ложка тмина, 1 кофейная ложка аджики, 3 ст. л. лимонного сока, 2 ст. л. оливкового масла, 1 ст. л. растительного масла, пучок

МАРОККО

Салат «Шерги»

Продукты: По 1 пучку редиса, зелени петрушки и зеленого лука, 2 кочанных салата, 10 зеленых оливок, 10 черных маслин, 2 зеленых стручка сладкого перца, 2 красных стручка сладкого перца, 2 огурца, 3 лимона, 2 апельсина, 300 г риса, 2 ст. л. растительного масла, щепоть молотой корицы, черный перец, соль.

Приготовление: Рис отварить, выложить на большое блюдо, смешать с очищенными дольками одного лимона, посолить. Туда же поместить смесь из мелко нарезанных петрушки, лука и двух лимонов, крупные дольки очищенных апельсинов, посыпать их слегка молотой корицей. Рядом положить нарезанный кочанный салат, слегка посоленный, сильно поперченный и сбрызнутый растительным маслом, зеленые и черные маслины. Черный перец, нарезанные кружочками зеленый и красный стручковый перец, огурцы. Подать к салату растительное масло, соль и черный перец.

НИГЕРИЯ

Салат «Сила жизни»

Продукты: 1 большой пучок петрушки, 1 головка репчатого лука, 1 лимон, соль.

Приготовление: Петрушку и лук мелко порубить и смешать с нарезанной кубиками мякотью лимона. Посолить и осторожно перемешать. Салат готов.

ТАНЗАНИЯ

Салат «Солнечное утро»

Продукты: 2 пучка листового салата или 2 кочанных салата, 4 апельсина, 2 ст. л. лимонного сока, 1 ст. л. сахарной пудры, 6 ст. л. растительного масла, 1 ст. л. воды флердоранж, черный молотый перец, соль.

Приготовление: Очистить 3 апельсина, из долек аккуратно вынуть косточки и разрезать каждую дольку на две части. Салат хорошо промыть и обсушить. Красиво уложить листья салата в салатнице, в центр положить дольки апельсина. Смешать в миске соль, черный перец, лимонный сок, сахарную пудру, сок четвертого апельсина, растительное масло и воду флердоранж и полить салат. Охладить его. Все перемешивается только во время подачи.

ТУНИС

Салат «Сфакский»

Продукты: 200 г лука, 350 г кислых яблок, 200 г сладкого перца, 300 г помидоров, 350 г огурцов, 1 лимон, молотая сушеная мята, растительное масло, соль.

Приготовление: Очищенные лук, яблоки, перец, огурцы нарезать кубиками (толщиной 5 мм). Все смешать, полить лимонным соком, растительным маслом и посыпать мятой.

Салат «Чакчука»

Продукты: 4 яйца, 2 луковицы, 2 дольки измельченного чеснока, 2 ст. л. растительного масла, 500 г помидоров, 2 стручка сладкого перца, $1/2$ ч. л. соли, перец, рубленая зелень (петрушка, мята, укроп, шалфей, розмарин, базилик).

Приготовление: Разогреть масло и обжарить мелко нарубленные лук и чеснок. Туда же добавить мелко нарубленные стручки перца, очищенные и нарезанные дольками помидоры. Приправить солью, перцем и тушить 20—30 минут. Из яиц приготовить яичницу и выложить на готовое блюдо. Сверху посыпать свежей зеленью и подавать на стол.

Салат «Мешуийя»

Продукты: 500 г сладкого стручкового перца, соль, 1 лимон, 50 г растительного масла, черные маслины.

Приготовление: Испечь в духовом шкафу или на древесных углях стручковый перец, снять кожицу, удалить семена, нарезать ленточками и посолить. Уложить в салатницу, полить лимонным соком и растительным маслом. Украсить черными маслинами.

УГАНДА

Салат «Дух воина»

Продукты: 500 г зеленой фасоли, 3 ст. л. оливкового масла, 2 ст. л. уксуса, 2 яйца, 100 г черных маслин, $1/2$ кофейной ложки черного перца, соль.

Приготовление: Очистить фасоль, помыть и разрезать каждый стручок надвое. Сварить в кипящей воде, откинуть на дуршлаг и переложить в салатницу. Посолить, поперчить, полить маслом и уксусом. Украсить маслинами и дольками яиц, сваренных вкрутую.

ЭФИОПИЯ

Салат «Свежесть»

Продукты: 1 кочан салата, 100 г зеленых оливок, 100 г черных маслин, 1 помидор, 1 головка репчатого лука, 3 ст. л. оливкового масла, пучок зелени петрушки, щепоть молотого розмарина, 2 щепотки белого (или душистого) перца, соль.

Приготовление: Тщательно вымыть листочки салата, дать ему обсохнуть и нарезать маленькими кусочками. Добавить маслины и оливки, мелко нарезанные помидоры и зелень петрушки, нарезанный ломтиками лук, посолить, посыпать розмарином и перцем, полить оливковым маслом. Перед подачей перемешать.

Секреты кулинара: Увядшие листья салата можно освежить, подержав их минут 15 в теплой воде. Увядшая зелень укропа, сельдерея и петрушки снова станет свежей, если положить ее на час в воду с уксусом. Петрушка, укроп и мята сохраняются несколько дней свежими в сухую погоду, если их положить в плотно закрытую сухую посуду.

Салат из помидоров

Продукты: 600 г помидоров, 300 г орехов, 120 г репчатого лука, красный молотый перец, соль.

Приготовление: Очистить помидоры от кожицы, удалить семена, мелко нарезать мякоть. Смешать мякоть с нашинкованным луком, толчеными орехами, солью и перцем. Дать настояться 10 минут.

МАЛИ

Салат «Бамбара»

Продукты: 500 г моркови, 100 г растительного масла, 100 г брынзы или творога, 25 г зеленых маслин, 25 г черных маслин, $1/2$ головки чеснока, 1 ст. л. аджики, 2 ст. л. уксуса, $1/2$ кофейной ложки тмина, соль.

Приготовление: Морковь очистить, отварить в воде и растолочь в пюре. Развести аджику небольшим количеством воды. Очистить и растолочь чеснок. Размолоть тмин. Все это добавить в морковное пюре. Посолить по вкусу. Полить уксусом и оливковым маслом. Украсить маслинами и нарезанной палочками брынзой.

Секреты кулинара: Овощи варят в подсоленной воде, чтобы придать им лучший вкус и сохранить в них больше питательных веществ. Чем крупнее овощи, тем меньше веществ они теряют при варке.

среднем огне, время от времени помешивая, до полного испарения воды. Полученную смесь можно при желании сдобрить тмином и лимонным соком. Этот салат по желанию едят горячим, теплым или охлажденным.

МАВРИТАНИЯ

Салат «Огуречный»

Продукты: 5 огурцов, 100 г жирных сливок, соль, специи по вкусу.

Приготовление: Очистить огурцы, нарезать тонкими кружочками, посыпать солью и дать стечь соку в течение 20 минут. Затем вымыть, обсушить, положить в салатницу, посыпать специями, покрыть взбитыми сливками и поставить в прохладное место на 2 часа.

мелко нарезанной зелени петрушки, соль.

Приготовление: Пожарить стручковый перец, очистить от кожицы, нарезать мелкими кусочками, посолить, добавить тмин, лимонный сок, растительное и оливковое масло, зелень петрушки и аджику. Хорошо перемешать. Подавать холодным.

Салат «Вечерний Каир»

Продукты: 200 г сыра фета или брынзы, 3 ст. л. оливкового масла, сок $1/2$ лимона, 1 очищенный от семян и мелко порезанный огурец, 1 измельченная головка красного лука, 2 ст. л. порезанной свежей мяты, 2 ст. л. порезанного свежего укропа, 2 ст. л. порезанной свежей петрушки.

Приготовление: Раскрошить фету в миску, размять вилкой с маслом и лимонным соком, приправить черным перцем. Перемешать с огурцом, луком и травами. Для придания нежного пряного вкуса посыпьте $1/2$ чайной ложки молотой зиры или 1 чайную ложку мелко порезанного и очищенного от семян красного перца чили. Вместо феты можно использовать козий сыр.

> *Секреты кулинара:* Салат можно приготовить за 3 часа до подачи на стол, но добавлять масло, лимонный сок и лук необходимо непосредственно перед тем, как подавать.

КЕНИЯ

Салат «Будем здоровы»

Продукты: 500 г сладкого перца, 1 стручок острого перца, 3 больших помидора, оливковое масло, соль.

Приготовление: Пожарить стручковый перец и помидоры, очистить их от кожицы, удалить семена. Затем измельчить их с помощью вилки, посолить и сбрызнуть оливковым маслом.

КОНГО

Салат «Красавица»

Продукты: 500 г моркови, 1 зубчик чеснока, 1 кофейная ложка молотого сладкого красного перца, 1 кофейная ложка (без верха) тмина, 2 ст. л. уксуса, горсть мелко нарезанной зелени петрушки, 1 ст. л. растительного масла, соль.

Приготовление: Очистить морковь, нарезать кружочками или соломкой (в этом случае удалить сердцевину) и сварить в подсоленной воде с зубчиком чеснока. Готовую морковь откинуть на дуршлаг, посолить, посыпать молотым красным перцем, тмином, зеленью петрушки, полить уксусом и растительным маслом. Аккуратно перемешать. Подавать охлажденным.

ЛИВИЯ

Салат «Деревенский мотив»

Продукты: 3–4 баклажана, 1 ст. л. растительного масла, 1 кофейная ложка молотого сладкого красного перца, 1 зубчик чеснока, 1 кофейная ложка молотого тмина (по желанию), 2 ст. л. уксуса или 1 лимон (по желанию).

Приготовление: Вымытые баклажаны, не очищая, если кожица не грубая, мелко нарезать, залить водой с солью, растительным маслом, молотым красным перцем и толченым чесноком и варить на

1–2 ст. л. растительного масла, немного уксуса.

Приготовление: Вымытые, обсушенные, очищенные от сердцевины стручки перца нарезать соломкой и смешать с ломтиками помидоров, луком, петрушкой, подсолнечным маслом и уксусом.

ГРЕЦИЯ

Салат «Олимп»

Продукты: 60 г творога, 25 г сметаны, 10 г зеленого салата, 10 г зеленого лука, 5 г редиса, соль.

Приготовление: Творог растереть со сметаной, посолить, добавить нарубленный зеленый лук. Масса должна быть довольно густой. Из нее сформовать небольшие котлеты и уложить их на листьях зеленого салата. Украсить ломтиками редиса.

ИТАЛИЯ

Римский салат из сельди

Продукты: 500 г помидоров, 250 г тушеных шампиньонов, 250 г тушеных белых грибов или лисичек, несколько луковиц, 4 хорошо вымоченные сельди, 1 ст. л. молока, 2 ст. л. творога, 1 неполный стакан майонеза, 2 ст. л. растительного масла.

Приготовление: Помидоры, грибы, сельдь и лук нарезать небольшими кубиками. Майонез смешать с творогом и молокой. Все перемешать.

Миланский салат с копченой рыбой

Продукты: 125 г макаронных изделий («рожков» или «ракушек»), 200 г копченой рыбы (только не сельди), 1–2 яблока, 1 стакан нарезанного кубиками корня сельдерея, одна небольшая головка репчатого лука, 1 стакан майонеза, соль, красный перец.

Приготовление: Макаронные изделия отварить в соленой воде, откинуть на сито. Яблоки очистить, удалить сердцевину и нарезать мелкими кубиками. Из рыбы удалить кости. Все компоненты перемешать, майонез смешать с тертым луком и этой смесью заправить салат. Добавить соль и красный перец.

Салат с анчоусами

Продукты: 10 филе анчоусов, 5 зубчиков чеснока, 200 мл оливкового масла, овощи (сладкий перец, огурцы, сельдерей, морковь, цветная капуста).

Приготовление: Налить масло в кастрюльку. Чеснок разрезать пополам, анчоусы мелко нарезать, добавить в масло.

Поставить на маленький огонь и помешивать, пока масло не разогреется. Овощи нарезать палочками, подавать к ароматизированному маслу.

> *Секреты кулинара: Если вы решили заменить анчоусы другой соленой рыбой, вымочите ее в течение двух часов в молоке, чтобы она стала нежнее.*

Неаполитанский салат

Продукты: 200 г мяса дичи (нарезать кубиками), 2 небольших маринованных огурца, 1 маленькая свекла, 1 корешок сельдерея, по стакану мелко нарубленных кубиками моркови и картофеля (вареных), 1 стакан майонеза, соль, перец.

Приготовление: Мясо, свеклу, сельдерей и маринованные огурцы нарубить мелкими кубиками и смешать с морковью и картофелем. Добавить майонез, соль и перец. Все хорошо перемешать.

ИСПАНИЯ

Салат из белой фасоли «Тореодор»

Продукты: 300 г белой фасоли, 2–3 ст. л. растительного масла, 1 головка репчатого лука средней величины, 1 ст. л. масла или маргарина, винный уксус, томатная паста, долька чеснока, 2 ст. л. нарубленной зелени, 1 стручок болгарского перца, 2 ст. л. сметаны, соль, перец.

Приготовление: Фасоль замочить на ночь, затем потушить до мягкости с небольшим количеством воды и жира (зерна не должны развариться). Еще теплую фасоль соединить с маслом, томатной пастой, винным уксусом, толченым чесноком и тертым луком. Добавить мелко нарезанный стручок перца, посолить, поперчить и все хорошо перемешать. Можно прибавить сметану. Подавать салат на стол охлажденным.

Андалузский салат

Продукты: 250 г помидоров, 1 свежий огурец средней величины, 1 редька, 1 головка репчатого лука, соль, перец, 1 ст. л. мелко нарубленной зелени петрушки, 2 ст. л. укропа, 3 ст. л. растительного масла, 1 ст. л. уксуса, по желанию можно добавить 2 яйца, сваренных вкрутую.

Приготовление: Помидоры, огурец, редьку и лук тонко нарезать и осторожно перемешать, добавить соль, перец, зелень петрушки и укропа, а также уксус и растительное масло. По желанию в такой салат можно добавить сваренные вкрутую яйца.

Пикантный салат «Мадридские тайны»

Продукты: 1 сельдь, 1 головка репчатого лука, 1 помидор, 1 стручок сладкого перца, 1 корешок зеленого салата, 2 ст. л. растительного масла, 1 ст. л. уксуса (по желанию можно добавить маслин), соль и перец по вкусу.

Приготовление: Сельдь очистить, удалить кости и нарезать кусочками, смешать с прочими мелко нарубленными продуктами. Из растительного масла, соли, уксуса и перца приготовить соус для салата и заправить им салат.

ФИНЛЯНДИЯ

Салат из сельди «Морячок»

Продукты: 80 г соленой сельди, 20 г копченой сельди, 2 яйца, 20 г соленых огурцов, 30 г яблок, 10 г лука репчатого, 10 г моркови, 10 г маринованных грибов, 5 г зелени петрушки, майонез.

Приготовление: С копченой и вымоченной соленой сельди снять филе, зачистить его от костей и нарезать мелкими кубиками. Яйца отварить вкрутую. Яблоки и соленые огурцы, очищенные от кожицы, лук и яичные белки нарезать очень мелкими кубиками, смешать с сельдью и майонезом и уложить в салатницу. При подаче залить оставшимся майонезом и украсить кружочками вареной моркови, маринованными грибами, веточками петрушки или листочками зеленого салата.

Секреты кулинара: Этот популярный салат финны нередко подают к обеду с жареным картофелем. А вот на закусочном столе салат стоит особняком — каждый сам может намазать его на кусок белого хлеба.

Салат из хрена и яблок

Продукты: 70 г яблок, 10 г хрена, 25 г сметаны, сахар, соль.

Приготовление: Хрен измельчить на мелкой терке, яблоки — на крупной. Хрен и яблоки смешать, полить сметаной и заправить солью и сахаром.

Грибной салат «Финский лес»

Продукты: 500 г соленых грибов, 1 головка репчатого лука.
Заправка: 200 г сливок, 1–2 ст. л. лимонного сока или уксуса, $1/2$ ст. л. сахара, свежемолотый белый перец.

Приготовление: Замочить соленые грибы в воде. Когда уровень соли уменьшится до желаемого, слить воду и нарезать грибы. Очистить и нарезать луковицу. Заправить приправой.

СОДЕРЖАНИЕ

Вступление 5
Классические салаты 7
   Салаты мясные 9
   Салаты с морепродуктами 57
   Овощные салаты 85
Салаты за пять минут 113
Диетические салаты 131
Фруктовые салаты 147
Экзотические салаты 177
Салаты для романтического ужина 197
Детские салаты 215
Салаты со всего света 223
   Австралия 225
   Азия 239
   Америка 258
   Африка 284
   Европа 301

ПРАЗДНИЧНЫЕ САЛАТЫ

Оформление обложки *Е. Потапова*
Верстка *С. Чорненький*
Корректоры *М. Журавлева, Ю. Рождественская*

Подписано в печать 14.12.06. Формат 70×100 $^1/_{32}$
Доп. тираж 5000 экз. Заказ № 3856.

Общероссийский классификатор продукции ОК-005-93,
том 2; 953000 — книги, брошюры

Гигиеническое заключение
№ 77.99.02.953.Д.006738.10.05 от 18.10.2005 г.

ЗАО «Издательский Дом ГЕЛЕОС»
115093, Москва, Партийный переулок, 1
Тел.: (495) 785-0239. Тел./факс: (495) 951-8972
www.geleos.ru

Издательская лицензия № 065489 от 31 декабря 1997 г.

ЗАО «Читатель»
115093, Москва, Партийный переулок, 1
Тел.: (495) 785-0239. Тел./факс: (495) 951-8972

Отпечатано в ОАО «Тульская типография».
300600, г. Тула, пр. Ленина, 109.

ЕЛЕНА ВОЛКОВА
ФИТОРЕЦЕПТЫ

Строгие диеты, лекарственные препараты, ежедневные физические нагрузки — а результата никакого — лишние килограммы словно прилипли к телу. Хватит себя мучить! Автор предоставляет читателям заманчивую возможность навсегда расстаться с лишним весом, используя всего лишь сборы лекарственных трав. Тех, что окружают нас повсюду. Вы научитесь не только создавать из целебных растений уникальные эликсиры красоты и молодости, но и готовить из них вкусные и полезные блюда.

ДЛЯ ИДЕАЛЬНОЙ ФИГУРЫ КРЕПКОГО ЗДОРОВЬЯ И ХОРОШЕГО НАСТРОЕНИЯ

GELEOS

Алёна Макаревич

ЕДИМ
И ХУДЕЕМ

**Хотите быть сытой и стройной одновременно?
Эта книга для вас!**

Уникальные кулинарные рецепты и советы для женщин, которые любят поесть, но не хотят полнеть.
Все блюда простые, вкусные и... низкокалорийные!
Теперь вы будете сыты и довольны. А ваша фигура приобретет привлекательные формы.
Станьте отличной хозяйкой
и сексуальной женщиной одновременно!

GELEOS

УПРАВЛЯЙ СВОЕЙ СУДЬБОЙ!

Елена Константинова — известный астролог, астропсихолог. Ее звездные прогнозы печатают в самых популярных газетах и глянцевых журналах. Ей доверяют свои «девичьи секреты» главные редакторы, актрисы, жены знаменитостей.
Только за прошедший год благодаря ей девять известных персон нашли свое личное счастье.

Астрология замужества

Как в **2006** году найти своего принца, спонсора, помощника, родить ребенка и **стать счастливой!**

Астрология женского счастья

Как очаровать всех мужчин, найти того единственного и **стать счастливой!**

Астрология счастливого дома

Как привлечь в свой дом удачу, сделать жизнь праздником и **стать счастливой!**

GELEOS

ВКУСНАЯ ПЛАНЕТА

Книга «**Вкусная планета**» — незаменимый помощник современной женщины. В ней собраны рецепты 800 оригинальных блюд из 80 стран мира — и все они готовятся из знакомых нашим хозяйкам продуктов, которые можно без труда найти на рынке или в супермаркете!

STS press

КЛЕОПАТРА

*Порадуйте своих домашних!
Забудьте о надоевших блюдах!
Продукты из ближайшего магазина
годятся для создания истинных
кулинарных шедевров!*

ПОЛНЫЙ ЖЕНСКИЙ СОННИК

**Впервые на русском языке!
Восточный сонник!
Только для женщин!**

На Востоке мужчина олицетворяет Солнце, а женщина — Луну. И им никогда не встретиться. Они различны по природе своей. Так почему же милые дамы до сих пор пытаются растолковать свой сон с помощью сонника, который написан для мужчин? Чтобы найти правильное объяснение женского сна, воспользуйтесь современным восточным сонником. Именно он дает правильную трактовку сновидений!

GELEOS

ПО ВОПРОСУ ОПТОВОЙ И МЕЛКООПТОВОЙ ПОКУПКИ
КНИГ ИЗДАТЕЛЬСТВА «ГЕЛЕОС» ОБРАЩАТЬСЯ ПО АДРЕСУ:

Москва:
ЗАО «Читатель»
(отдел реализации издательства)
115093, г. Москва,
Партийный пер., д.1
тел.: (495) 785-02-39,
факс (495) 951-89-72
e-mail: zakaz@geleos.ru
Internet: http://www.geleos.ru

Воронеж:
ООО «Амиталь»
394021, г. Воронеж,
ул. Грибоедова, 7а
тел.: (4732) 26-77-77
e-mail: mail@amital.ru

Казань:
ООО «ТД «Аист-Пресс»
420132, Республика Татарстан,
г. Казань,
ул. 7-я Кадышевская, д.9б,
тел.: (843) 525-55-40, 525-52-14
e-mail: sp@aistpress.com

Краснодар:
ЗАО «Когорта»
350033, г. Краснодар,
ул. Ленина, 101
тел.: (8612) 62-54-97,
факс (8612) 62-20-11
e-mail: kogorta@internet.kuban.ru

Пермь:
ООО «Лира-2»
614036, г. Пермь, ул. Леонова, 10а
тел.: (3422) 26-66-91,
факс (3422) 26-44-10
e-mail: lira2@permonline.ru

Ростов-на-Дону:
ООО «Сеть книжных магазинов
«Магистр»
344006, г. Ростов-на-Дону,
пр. 1-й Машиностроительный, 11
тел.: (863) 266-28-74,
факс (863) 263-53-31
e-mail: magistr@aaanet.ru
Internet: http://www.booka.ru

Санкт-Петербург:
ООО «Северо-Западное
книготорговое объединение»
192029, г. Санкт-Петербург,
пр-т Обуховской обороны, д. 84
тел.: (812) 365-46-04, 365-46-03
e-mail: books@szko.sp.ru

Самара:
Книготорговая фирма «Чакона»
443030, г. Самара, ул. Чкалова, 100
тел.: (8462) 42-96-28,
факс (8462) 42-96-29
e-mail: commdir@chaconne.ru
Internet: http://www.chaconnre.ru

Уфа:
ООО ПКП «Азия»
450077, г. Уфа, ул. Гоголя, д.36
тел.: (3472)50-39-00,
факс (3472) 51-85-44
e-mail: asiaufa@ufanet.ru

Украина:
Книготорговая фирма «Визарди»
г. Киев, ул. Вербовая, д. 17, оф. 31
тел.: 8-10-38 (044) 247-42-65,
247-74-26
e-mail: wizardy@inbox.ru

Беларусь:
ТД «Книжный»
г. Минск, пер. Козлова, д. 7в
тел.: 8-10-375-(17) 294-64-64,
299-07-85
e-mail: td-book@mail.ru

Израиль:
P.O.B. 2462, Ha-Sadna st., 6,
Kefar-Sava, 44424, Israel
тел.: 8-10 (972) 766-88-43, 766-55-24
e-mail: michael@sputnic-books.com

**Книги издательства «Гелеос»
в Европе:**
«Fa. Atlant». D-76185 Karlsruhe
тел.: +49(0) 721-183-12-12,
721-183-12-13
факс: +49(0) 721-183 12 14
e-mail: atlant.book@t-online.de;
Internet: http://www.atlant-shop.com

ПОЛНЫЙ ЖЕНСКИЙ СОННИК

**Впервые на русском языке!
Восточный сонник!
Только для женщин!**

На Востоке мужчина олицетворяет Солнце, а женщина — Луну. И им никогда не встретиться. Они различны по природе своей. Так почему же милые дамы до сих пор пытаются растолковать свой сон с помощью сонника, который написан для мужчин? Чтобы найти правильное объяснение женского сна, воспользуйтесь современным восточным сонником. Именно он дает правильную трактовку сновидений!

GELEOS

ПО ВОПРОСУ ОПТОВОЙ И МЕЛКООПТОВОЙ ПОКУПКИ КНИГ ИЗДАТЕЛЬСТВА «ГЕЛЕОС» ОБРАЩАТЬСЯ ПО АДРЕСУ:

Москва:
ЗАО «Читатель»
(отдел реализации издательства)
115093, г. Москва,
Партийный пер., д.1
тел.: (495) 785-02-39,
факс (495) 951-89-72
e-mail: zakaz@geleos.ru
Internet: http://www.geleos.ru

Воронеж:
ООО «Амиталь»
394021, г. Воронеж,
ул. Грибоедова, 7а
тел.: (4732) 26-77-77
e-mail: mail@amital.ru

Казань:
ООО «ТД «Аист-Пресс»
420132, Республика Татарстан,
г. Казань,
ул. 7-я Кадышевская, д.9б,
тел.: (843) 525-55-40, 525-52-14
e-mail: sp@aistpress.com

Краснодар:
ЗАО «Когорта»
350033, г. Краснодар,
ул. Ленина, 101
тел.: (8612) 62-54-97,
факс (8612) 62-20-11
e-mail: kogorta@internet.kuban.ru

Пермь:
ООО «Лира-2»
614036, г. Пермь, ул. Леонова, 10а
тел.: (3422) 26-66-91,
факс (3422) 26-44-10
e-mail: lira2@permonline.ru

Ростов-на-Дону:
ООО «Сеть книжных магазинов «Магистр»
344006, г. Ростов-на-Дону,
пр. 1-й Машиностроительный, 11
тел.: (863) 266-28-74,
факс (863) 263-53-31
e-mail: magistr@aaanet.ru
Internet: http://www.booka.ru

Санкт-Петербург:
ООО «Северо-Западное
книготорговое объединение»
192029, г. Санкт-Петербург,
пр-т Обуховской обороны, д. 84
тел.: (812) 365-46-04, 365-46-03
e-mail: books@szko.sp.ru

Самара:
Книготорговая фирма «Чакона»
443030, г. Самара, ул. Чкалова, 100
тел.: (8462) 42-96-28,
факс (8462) 42-96-29
e-mail: commdir@chaconne.ru
Internet: http://www.chaconnre.ru

Уфа:
ООО ПКП «Азия»
450077, г. Уфа, ул. Гоголя, д.36
тел.: (3472)50-39-00,
факс (3472) 51-85-44
e-mail: asiaufa@ufanet.ru

Украина:
Книготорговая фирма «Визарди»
г. Киев, ул. Вербовая, д. 17, оф. 31
тел.: 8-10-38 (044) 247-42-65,
247-74-26
e-mail: wizardy@inbox.ru

Беларусь:
ТД «Книжный»
г. Минск, пер. Козлова, д. 7в
тел.: 8-10-375-(17) 294-64-64,
299-07-85
e-mail: td-book@mail.ru

Израиль:
P.O.B. 2462, Ha-Sadna st.,
Kefar-Sava, 44424, Israel
тел.: 8-10 (972) 766-88-43, 766-55-24
e-mail: michael@sputnic-books.com

Книги издательства «Гелеос» в Европе:
«Fa. Atlant». D-76185 Karlsruhe
тел.: +49(0) 721-183-12-12,
721-183-12-13
факс: +49(0) 721-183 12 14
e-mail: atlant.book@t-online.de;
Internet: http://www.atlant-shop.com